太平洋戦争・提督たちの決断

半藤一利
Hando Kazutoshi

PHP新書

太平洋戦争・提督たちの決断

目次

Ⅰ　連合艦隊司令長官「山本五十六」とミッドウェー攻略作戦

Ⅱ 米太平洋艦隊司令長官「チェスター・W・ニミッツ」とミッドウェー海戦

Ⅲ 遠すぎた提督「高須四郎」
――代行指揮を執った七五〇時間

Ⅳ　レイテ沖海戦の司令官たち——豊田副武司令長官と四人の主将

本書は、著者が生前に書籍化を企図していた原稿を再構成・編集し、著作権継承者の承諾を得て、刊行するものです。

なお初出誌は、Ⅰ章からⅣ章の順に以下の通り。

『プレジデント』（プレジデント社）一九八五年二月号／一九八三年七月号／一九八六年五月号／一九八四年九月号

〈編集部〉

I

連合艦隊司令長官「山本五十六」とミッドウェー攻略作戦

昭和一六年（一九四一）末の真珠湾攻撃の成功。

この勝利に日本国民は湧き上がり、酔いしれた。

それどころか、海軍軍令部、さらには連合艦隊幹部までがのぼせ上がり、驕慢《きようまん》と侮敵《ぶてき》が蔓延している感が、山本五十六にはあった。

司令官としての焦燥はつのるばかりである。

そもそも米国に勝てる見込みはないと判断しての、真珠湾攻撃であった。

だがその劇的な勝利は、米国民の士気を高揚させることになってしまう。

米国内の憎しみのエネルギーが、山本には感じられたにちがいない。

早期和平、戦争終結への道にどう漕ぎ着けるのか。

山本が考えうる道、それは、もう一度、いや何度でも敵を叩き、
立直りを困難にさせることだった。

真珠湾で撃破できなかった米海軍の空母部隊を撃滅し、
今度こそは、米国民の戦意をそぐ。

それ以外に道はない……。

名をも命も惜しまず——亡国の戦いを戦い抜く覚悟を定めた連合艦隊司令長官

真珠湾へ直進する機上で、攻撃総隊長淵田美津雄《ふちだみつお》中佐は、生涯において最も美しい夜明けを見た。眼に眩《まばゆ》い朝の光に心打たれ、思わずつぶやいた。

「グロリアス・ドーン」(glorious dawn)

乾坤一擲《けんこんいってき》の賭けとして採用した真珠湾奇襲攻撃が望外《ぼうがい》の成功をみたとき、確かに日本海軍軍人は、大多数が、新しい歴史の一ページを自分たちの手によって開いたような、男らしい喜びに浸った。

だが、この日の連合艦隊司令長官山本五十六《やまもといそろく》大将の心境は、歓喜とか感動とはまったく対照的なものであった。旗艦《きかん》「長門《ながと》」の長官私室で、机に向かった真珠湾作戦の推進者山本は、その心境の一端を筆に託している。

「此《こ》の度《たび》は、大詔《たいしょう》を奉じて堂々出撃なれば生死共に超然たることは難《かた》からざるべし。

ただ此戦は未曽有の大戦にしていろいろ曲折もあるべく、名を惜みて己を潔くせむの私心ありては、とても此大任は成し遂げ得まじとよくよく覚悟せり。

されば、

大君《おおきみ》の御楯《みたて》とただに思ふ身は
　名をも命も惜《おし》まざらなむ

昭和十六年十二月八日

山本五十六」

対米開戦は亡国に導くと反対し続けた山本が、事、志に反して、対米戦争の陣頭に立って指揮を執ると決したとき、とうに命を捨ててかかっていたことを、この「述志《じゅっし》」は語っている。

さらに「名をも惜しまぬ」と山本は覚悟のほどを定めた。かつて徳川家康は家臣に「名を惜しめ」と言った。山本は「名を惜しまず」戦い抜くと言う。いずれにせよ、名を意識するということは戦士の名誉心であり、つまりはなんらかの形で〝永遠〟ないしは〝歴史〟という抽象を考えるのである。この愚劣きわまる戦では、それすらも捨てたと山本

戦艦「長門」（昭和16年）
資料提供：大和ミュージアム

山本五十六
出所：国立国会図書館

は言う。

さらに言えば、この戦を俺の流儀で戦ってやる、他の批判を恐れない、という捨て鉢な決意を固めたとも、この「述志」は読み取れるのである。

そうした山本の眼には、政官界や民衆の真珠湾後の有頂天、熱狂ぶりは、苦々しい限りであったろう。のみならず、米英何するものぞと、冷静たるべき海軍軍人までが美酒に酔い始めた。軍艦マーチ入りの景気のいい「大本営発表」を、陸軍と競い合っている有様なのだ。

山本は一二月一一日付の知人宛ての手紙で、軍や国民の戦勝ムードを戒めた。（少し読みやすく句読点などを加える。以下同じ。筆者）

《徹夜で勝負をやろうというのに、一風や半風で三百や五百貫ったとて何の何の、安心してなるものか。これからは振り込まずに安上《やすあが》り専門で、チビチビためて行くこと。人が何といおうとも何の何の》

大本営の「長期不敗の態勢」などは痴人の夢短期戦で終わらせなければ、亡国あるのみ

一二月二四日、軍令部総長永野修身《ながのおさみ》大将とともに空母「赤城《あかぎ》」を訪れ、真珠湾より帰投した機動部隊（南雲忠一《なぐもちゅういち》中将指揮）各級指揮官に対し、山本は訓示を行った。それは凱旋した戦勝部隊を祝うものではなく、叱りつけているような語調でなされたという。

「真の戦いはこれからである。奇襲の一戦に心驕《おご》るようでは真の強兵ではない。古語に曰《いわ》く、勝って兜《かぶと》の緒《お》を締めよとは、まさにこのときである。諸子《しょし》は凱旋したのではない。次の作戦に備えるために一時内地に帰投したのである。一層の戒心と奮励努力とを強く望む」

だが、山本がいかに語気を強めて説こうが、世界海戦史上で記録すべき大作戦を見事に成功させたという、解き放たれたような、晴れ晴れしい気持ちは容易なことで緊張を取り戻せるものではなかった。

永野修身（左）と南雲忠一（右）
出所：NH 63422, NH 63423 courtesy of the Naval History & Heritage Command

空母「赤城」（昭和17年、横須賀にて）
資料提供：大和ミュージアム

こうして、賭けとして敢行した真珠湾攻撃が大成功を収めたことで、山本の心の中には、かえって焦りが生まれた。勝敗を顧慮することなく、私心を捨て、最善を尽くして本務に邁進、それが山本の開戦前の唯一の責務感だったが、今や全軍の柱石となった彼は、それでは済まされなくなってきていた。

周囲の上調子が、慢心が、シー

ンとして戦略戦術を練りたい山本の心理を乱すのである。もともと短期積極決戦主義による早期和平が山本の戦略構想だった。真珠湾もその一つにすぎぬ。

ところが、山本はそれをハッキリと口に出して、海軍中央はおろか、連合艦隊全将兵に徹底しようとはしなかった。なぜなら、日本海軍にとって、それは正統性を欠いた異端の戦術だったからだ。いや、山本その人の中に、〈わかる奴にはわかる〉という、横着で閉鎖的な面があった。雪国出身らしく、口の重く、孤高を楽しむ傾きの色濃い山本が、言葉をつくして説得するはずはなく、そうできもしなかった。

山本は、大本営の言う「長期不敗の態勢」（御前会議決定）なぞは痴人の夢であると考えている。日米戦争自体が国家の滅亡を賭《と》した大冒険なのである。それに比すれば、真珠湾作戦など戦術的な小冒険にすぎず、これを恐れて艦隊の温存を図っても、いずれは大津波の如きアメリカ艦隊に丸呑みにされるのは目に見えていた。

弾薬ひとつを例にとろう。開戦を前に、各艦隊が各根拠地を出撃したあと、横須賀《よこすか》・呉《くれ》・佐世保《させぼ》および舞鶴《まいづる》の各軍港の弾火薬庫の二五ミリ機銃弾の残量はゼロに近かった。各艦艇が余分に弾薬を積載したからではない。定数どおりである。その定数ですら、決して十分な量ではなかったが……。

それが海軍の実力と知れば、巨大な国力を持つアメリカを相手に長期持久の態勢など固めうるものではない。ともかくも、短期戦で終わらせなければ亡国あるのみ。

「勝利病」が蔓延する大日本帝国と「騙し討ち」に対する復讐心の高まるアメリカ

だが、その山本の戦略が、真珠湾以後は、日一日と山本の手の届かないところへと遠ざかっていくのである。国内には「勝利病」ともいう恐るべき黴菌《ばいきん》が蔓延し、自信過剰から驕慢へ駆り立て、そして〝講和〟などという言葉は大日本帝国の辞書にはない、と思わせるほどに日本人の心を蝕《むしば》んでいった。
そして一方のアメリカでは――緒戦の思いもかけぬ敗北で物心共に痛撃を受けたはずの国内には、かえって結束が固まり、復讐心が高まっていた。特にアメリカ放送が盛んに真珠湾攻撃は「SNAKE ATTACK」（騙し討ち）と批判を流し始めてから、世論の憤

フランクリン・D・ルーズベルト
出所：NH 50045 courtesy of the Naval History & Heritage Command

激は噴き上がった。あまりにも大きく破壊的だった奇襲攻撃は〝侵略かどうか〟を、アメリカ国民に議論する余地を与えなかった。

　真珠湾奇襲成功の翌日、ルーズベルト大統領が議会演説で、「騙し討ち」を、低いが声量ある声でまくし立てているのを、山本は短波放送で聞いたという。このとき彼は、将棋を指す手を止めて、じっと耳を傾けた。アメリカ国民は未だかつてないくらいの団結を示し、国民は等しく激憤し、報復を誓う声が澎湃《ほうはい》として起こっていると、アナウンサーが付け加えた。

　山本の表情はみるみる暗くなった。攻撃開始の直前まで「最後通牒《つうちょう》は確実に手渡してあるだろうな」と、くどいくらいに念を押した彼の苦心は水の泡だったのか。

　謀略の疑いを持って聞いていたアメリカ放送だったが、どうやら最後通牒の遅れたことは間違いない、と山本が知ったのは、その年の暮れか、一七年に入ってから間もなくだったという。

滞米経験の深い山本はまた、fair を尊び、unfair に対して厳しい国民であると、アメリカ人の資質を熟知していた。騙し討ち？　まさか、そんなバカなことが……という歎きとともに、彼の内にある中央に対する不信は、いやがうえにも増幅されていくのである。なぜ正々堂々と軍を進めてもらえなかったのか、と。

山本は、心を許した幕僚にしみじみと語った。

「残念だなあ。僕が死んだら、陛下には、連合艦隊は決して初めからそういう計画はしておりませんと、そうはっきり申し上げてくれ――」

短期決戦により、政治的終戦を呼び込むには連合艦隊は何度でも、決戦に出るほかはない

山本の胸中がいかに無念と不満に波騒ごうと、また、その面上に深い憂いが漂うようになろうと、戦はまだ幕を切って落としたばかりなのだ。アメリカ国民の士気を沮喪《そそう》させるどころか、高揚させたと知って、山本はさらに焦りだした。国内の熱狂とアメリカ

人の熱狂との狭間で、講和への方策は完全に失われ、戦争そのものは底なしの泥沼にのめり込んでいくほかないではないか。

残されたのは、新たな積極作戦でもう一度敵を叩き、アメリカの素早い立直りを困難にさせることだ。何度でも叩く。叩いて叩いて、立直りを与えぬことだ。戦闘に勝って、敵を圧倒しているときにこそ、戦争を切り上げる機会が生まれるものだ。その可能性を求めて、何度でも、連合艦隊は決戦に出るほかはない。

この山本の悲痛な決意をさながら支援するかのように、大本営海軍部には第二段作戦のプランがまだ立てられていなかった。敵主力艦隊撃滅のための、伝統ともいえる練りに練った作戦計画〝迎撃漸減《ぜんげん》作戦〟が、真珠湾奇襲の大成功で、急転直下に実現されてしまった。呆然とするほどの勝利の進展で、戦局のほうが作戦計画より先行しているのである。

山本の危機感は、しかし、この事態を憂慮した。このままノホホンと安逸《あんいつ》をむさぼっていることを許さないのだ。〈真珠湾で討ち洩らした空母が残っている〉という重みが、彼を苛立たせる。空母だけで捨て身の日本本土空襲が可能なのである。また、空母による通商路破壊作戦をやられたら、この広い大洋で追撃しようもない。

次の「作戦方針」は軍令部の策定を待つのが、〝戦闘集団〟の本陣としての連合艦隊司令部のあるべき姿だが、山本の命令で、連合艦隊はまたしても独自の構想を練り始めた。軍令部無視の先行である。

考えてみれば、第二段作戦計画なしで戦争へ突入した無謀さ、さらには、軍令部と連合艦隊、というより、山本五十六と作戦部との戦略の根本的な調節なしで戦を進めた、その愚かしさのツケが、勝利の後の日本海軍の首を絞め始めているのである。

ともあれ、一七年三月上旬には、ほぼ第一段作戦が完了する。その一カ月前、つまり、遅くとも二月上旬には第二段作戦計画の決定を見なければならない。

山本は一二月九日、つまり真珠湾攻撃の翌日に、幕僚に早くも独自の戦略眼に基づく「ハワイ攻略作戦」と「セイロン島攻略作戦」の研究を命じていた。これをヒントとして連合艦隊司令部が作戦構想を固めるのである。

一月九日の連合艦隊作戦参謀三和《みわ》義勇《よしたけ》大佐の日記にも、焦りの色が読み取れる。

《一段作戦後の新作戦なかなか新構想できず。いささか焦燥の感あり。自己の不敏を痛

感す》
山本は、次の積極決戦も自分流儀でいこうと決意していたのである。短期決戦によって、政治的終戦を呼び込もうという己れの戦略構想が、戦時というのに、のんびりと出勤退庁時間を守っているような海軍中央の固い頭に理解されるはずもない。

不信と疑惑を抱え、焦る山本五十六が考えていた四つの作戦計画

それほどに山本の海軍中央不信は根深かった。そして、それをいくつかの私信に託して、彼は言うを憚《はばか》らなかった。その一つ――。

《ことの成否は実は第二段作戦にあり、充分覚悟と用意とを要する次第と存じおり候《そうろう》(中略)。ただし爾後《じご》の作戦は、政戦両翼《りようよく》、渾然《こんぜん》たる一致併進《へいしん》を要する次第にて、これが処理にはたして人材これあるべきか、従来の如き自我排他、偏狭《へんきよう》無定見にては、なかなかこの広域の処理持久戦の維持は困難なるべく、杞憂《きゆう》は実はこの辺にありと愚考せられ

候》（一二月二七日付）

甥の高野気次郎宛てという身内に対する気軽さはあるといっても、「自我排他、偏狭無定見」と言い切るあたりに、山本の不信と批判の鋭鋒《えいほう》の厳しさが感じられる。

政戦両翼、すなわち海軍省と軍令部の一致協力なくしては、これからの作戦はうまくいかない。だが、海軍中央にそれだけの「人材これあるべきか」とも言う。しかも、機動部隊各指揮官を迎えて訓示した直後の日付だけに、これからの戦いにいかに焦慮《しょうりょ》を抱いていたことか、山本の憮然《ぶぜん》たる想いが察せられる。

山本の不信の矢は、このように、あに中央にのみ向けられただけではない。実は、麾《き》下《か》の艦隊首脳にもまた同じ想いを抱いていたのである。

《ハワイ攻撃は、中央、実施部隊（飛行家連にあらず）ともに相当難色あり。成功しても一支作戦にすぎず大したことなし、失敗すれば大変、という言い分なりしため、当時は大分不愉快の思いをせしが、今ではその人たちが最得意でおったり、勝敗が決したようのことをいうので、実は世間の空《から》騒ぎ以上、部内幹部の技倆《ぎりょう》識見などに対し、寂寞《せきばく》を感ぜしめらるる次第にて候》（一月二日付）

肝心の戦闘部隊までが、戦勝の自信から驕慢へ、さらに侮敵にまでのぼせ上がっていると、感じられたのだろう。そしてまた、艦隊幹部の技倆・識見に疑惑を抱きながら、山本は次の作戦に臨まねばならなかったというのか。山本という人物の内部には、いろいろな絶望が渦巻いていた。

開戦前の一一月五日、山本が幕僚に渡した作戦要綱には、戦いが第二段階に入ったときには、ミッドウェーの攻略、または破壊することを内示してあった。

そして、真珠湾作戦成功の朗報の入った朝、これからどうするか考えよと命じ、その後も、しばしば作戦原案の提出を山本は幕僚に催促し続けた。

開戦後に、山本が幕僚に研究を命じた作戦計画は四つあった。

① インド洋に進み、セイロン島を占領、インドを英領から脱落させ、中近東に進出するドイツ軍と手を握る。
② ハワイを攻略する。
③ オーストラリア北部に進攻する。
そして第四がミッドウェーの攻略である。

山本は急いだ。一日も早く総合図上演習を行い、計画を練って作戦方針を決定したかった。海軍中央がさっぱり動いてくれぬなら、艦隊で決めるほかはない。連合艦隊は漫然と浮かべる城を誇っているわけにはいかないのだ、と山本は考える。

続くアメリカ海軍の襲撃に本土空襲を恐れる山本五十六

昭和一七年一月一四日、連合艦隊参謀長宇垣纏《うがきまとめ》少将が一応の作戦方針案をまとめ、幕僚に提示、研究を命じた。その一部には、こう明記されている。

《艦隊は速かにミッドウェー、パルミラ、ジョンストンの三島を攻略し航空基地を築き、ついでハワイに進攻して、同島の攻略と、艦隊決戦を断行する》

幕僚の中には、こうした一連の積極作戦を、戦術の常道に反すると危険視する者もあった。そして、連合艦隊幕僚には、山本にせかされればせかされるほど、作戦選択が多様にすぎ、迷いが生じていた。

その間にも、敵に立直りの余裕を与える時間がみるまに経っていく。宇垣参謀長や三和作戦参謀は、日記にその苦衷《くちゅう》を訴える。

《国力を見て戦わざれば、将棋のいわゆる差し過ぎとなる。現状の日本とすれば、この辺をよく考えざるべからず。手を拡げるは難しからざれども、それでは日本は痩《や》せ衰《おとろ》うべし》（『三和日記』一月二二日）

《今後の作戦大方針については中央も未定。……この際、当司令部の方針確立こそ即刻を要するも、参謀連研究中というのみにて、一向捗《はかど》らず》（『宇垣日記』一月二五日）

こうして、静かな論議が、長門の作戦室で続けられているとき、二月一日、マーシャル諸島にアメリカ空母機動部隊が空襲をかけてきた。奇襲をかけられれば陸上部隊が手も足も出ない。新しい戦闘様式に山本は、改めて眼をむいた。

同時に、彼の眼は、作戦行動を開始したアメリカ空母を睨みつけた。この空襲は小手調べであろう。アメリカ海軍の開拓者精神《フロンティア・スピリット》は、この種の空襲をぐんぐんとエスカレートさせるにちがいない。当然、日本本土を目標として狙うことだろう。

山本は作戦計画の策定をさらに急がせた。四つの計画のうち、最も早く、かつ効果的な一つに絞ること。それにしても、今更のように、守勢で空母機動部隊を捕捉撃滅することがいかに困難であるか、連合艦隊司令部は痛感させられていた。とするならば、いずれは、これを誘い出して決戦を挑み、撃滅を図るほかはない。

ともあれ連合艦隊司令部は、東へ攻勢をかける前に、西のイギリス海軍を叩き、情勢を安定させておくため、第二段作戦を、セイロン島攻略を皮切りとすることに決定した。二月二〇日のことである。四月上旬に開始される第二段作戦まで十分な余裕がある。

ところが、二月二四日、アメリカ機動部隊がまたしてもウェーキ島を不意に襲ってきた。三月四日、南鳥島がアメリカ艦載機《かんさいき》によって蹂躙《じゅうりん》された。南鳥島は東京から一千浬《マイル》の距離である。山本は、これを日本本土空襲の前触れではないかと判断した。

山本は、南西太平洋にあった空母「瑞鶴《ずいかく》」と「翔鶴《しょうかく》」に即刻帰還を命じ、南方にあった基地航空隊を呼び戻して、東京周辺に配置する。作戦を練りつつも、当面の対策などで、連合艦隊の動きは忙しくなってきた。

山本は、それほどまでに本土空襲を恐れたのである。特に東京そのものへの空襲を。

それを山本の天皇崇拝心とみる説がある。しかし、東京が空襲されれば、直ちに天皇

空母「瑞鶴」(昭和16年)
資料提供:大和ミュージアム

空母「翔鶴」(昭和16年)
資料提供:大和ミュージアム

の身が危ういというわけでもなく、第一に対空防備は陸軍の責任である。

確かに天皇を想う忠誠の意味もあるが、よく言われるように、山本の日本人の国民性に対する不安感が、本土空襲をいやがうえにも恐れさせたと見たほうがよいようだ。

早期決戦と本土防衛の両方を併せて解決するミッドウェー攻略作戦

開戦前に、海軍首脳に宛てた二通の手紙がそのカギとなる。

《敵は一挙に帝国本土の急襲を行い、帝都その他の大都市を焼尽《しょうじん》するの策に出でざるを保《ほ》し難く、もし一旦かくの如き事態に立至らんか……わが海軍は輿論《よろん》の激攻をあび、ひいては国民の士気の低下を如何ともする能《あた》わざるに至らむこと、火をみるよりも明《あきらか》なり》（及川古志郎《おいかわこしろう》海相宛て）

《万一敵機東京大阪を急襲し、一朝にしてこの両都府を焼尽せるが如き場合は、もちろんさほどの損害なしとするも、国論（衆愚の）は果して海軍に対し何というべきか》（嶋《しま》田繁太郎《だしげたろう》海相宛て）

国民が一致団結し、軍を信頼し、一丸となって戦って戦い抜いてこそ、あるいは講和会議のテーブルが日本に用意されぬでもない。山本は、そう確信する。だが一方で、無目的に雪崩《なだれ》をうって傾斜する日本人の民族性を、山本は真に憂慮しているのである。

本土空襲は、精神的不安定を国民性とする民衆を、恐慌に陥らせ、軍に不信を抱かせ、あくまで戦い抜くための士気の低下をもたらすのではないか。内部から崩れては、戦いはもはや続けられないのである。

書簡の文面にある「国論」と書いたあとに、わざわざ「衆愚の」と注記したところに、山本の絶望的な日本人論がある。海軍中央に不信を持ち、麾下の艦隊幹部の能力を疑い、そして日本民衆の軽薄さを憂慮し、山本は負けるが必然の戦いを一人で、悲壮に戦っていたのではあるまいか。山本はよく冷笑して言っていた。

「扼腕《やくわん》憤激、豪談《ごうだん》の客も、多くこれ生をむさぼり、死を畏《おそ》るるの輩《やから》」

昭和一四年夏以来の連合艦隊司令長官という重責、しかも己れの欲することと反対の方向で努力せねばならぬという諦観、山本は精神的に疲れていたとも思われる。

折から、三月八日になって、大本営陸軍部の猛反対もあり、連合艦隊が鋭意進めてきた第二段皮切りのセイロン島攻略作戦が、採択されないことに正式決定されたのである。

間際になってプランのすべてを覆された連合艦隊司令部には、より焦燥感がみなぎった。第二段作戦開始までわずか四週間足らず。焦りとともに、陸軍や海軍中央に対する、連合艦隊司令部幕僚の感情的反発は高まっていく。連合艦隊司令部は唯我独尊的にこう考えた。

〈セイロン攻略案が空しくなったからといって、軍令部がしきりに主張するフィジー・サモア攻略（FS作戦）をあっさり認めるわけにはいかない。占領しても長期確保が難しく、米濠遮断は軍令部が言うほど容易ではない。第一に、これを迎え撃とうとアメリ

カ空母機動部隊が出てくる可能性はきわめて少ないじゃないか〉

そして、彼らの眼は東に向けられた。三月三日付の日記に三和参謀は、セイロン島攻略作戦がホゴとなったことに対する、心の裡《うら》に燃えている怒りをぶちまけている。

《ああ、日本の国力はこれにて延びつくしたるや。あるいはまた、他意ある策士の欺瞞《ぎまん》なりや。ハワイを十月攻略するを目途《めど》として準備することに、一応話を落着く》

ハワイを一〇月に攻略する。ならばその前に、字義どおり中途《ミッドウェー》にあるミッドウェー攻撃が浮かび上がる。それに、この作戦には渡りに船という利点もある。

早期決戦と本土防衛とを併せて解決する方法は、太平洋の東正面でアメリカ空母部隊を撃滅する以外にない。それにはミッドウェー攻撃が、この戦術思想に合致するではないか……。

山本の幕僚たちは再び忙しく動き始め、作戦室での論議は日ごとに熱を帯びた。そうした幕僚の眼には「いつもは淡々として水のような、ときには深い淵を見るような長官」が、この前後から「焦慮の色が窺《うかが》われるように」眺められたという。

作戦をめぐって対立する連合艦隊と軍令部

時間に追われ、怱忙《そうぼう》の間に連合艦隊の第二段作戦の原案は、幕僚たちの知謀が結集されてまとめ上げられた。さらに、三月二九日から翌朝にかけて最終の検討が加えられる。その三月三〇日、前年の暮れに竣工した戦艦「大和《やまと》」は、洋上での艦砲射撃訓練を行った。世界最大の四六センチ三連装の砲塔は、ゆったりと回り、長い砲身が最大仰角四五度まで上げられた、と見るより、火山の噴火とも見える轟音《ごうおん》を伴って巨弾が吐き出され、三万八〇〇〇メートル先の目標に向かって飛んでいった。世界で初めての長大な射距離であった。

観戦する連合艦隊の首脳たちは、思わず胸を熱くした。そして、その「大和」の咆哮《ほうこう》の余韻未ださめやらぬうちに、四月一日、第二段作戦の連合艦隊の原案は、一部に修正意見を差し挟んだほかは、原案どおりに山本によって裁可されたのである。

昭和16年末の竣工前の戦艦「大和」(同年10月30日、宿毛沖にて公試運転中)
資料提供:大和ミュージアム

「五月上旬　ポートモレスビー攻略作戦
六月上旬　ミッドウェー攻略作戦
七月中旬　フィジー・サモア作戦
一〇月を目途としてハワイ攻略作戦準備」

このとき、山本がただ一つ修正したのが、軍令部が主張するフィジー・サモア作戦だった。「攻略せず攻撃破壊でよしとす」と、山本はあえて軍令部案に異を立てた。

その翌朝(四月三日)、軍令部案説明のため「大和」に来艦していた軍令部員に通路でばったり会ったとき、わざわざ軍令部員を呼び止めて山本は言ったという。

「ここまで来てしまったら、僕の力ではもうどうにもならんのだよ。Do your best in Tokyo! 僕は連合艦隊の範囲内で僕のベストを尽くす」

この言葉は何を意味しているのだろうか。一説に、山本はこの慌ただしいミッドウェー攻略作戦に反対の意向を洩らしていたという。必ずしも本音の作戦ではなかった。しかし、ここまで来たらどうにもならん――という言葉がそれなのだろうか。

そして後段は、俺は俺の流儀でいく、たとえ軍令部が何と言おうとも、という山本の主義が思わず口の端に上ったのだろうか。

山本を先頭に押し立てて、ともあれ連合艦隊は連合艦隊の計画でいくという強い意志を、幕僚たちは改めて確認し合った。そして海軍中央に説明のため、弁の立つ参謀を東京へ送った。

だが、予期したように、軍令部作戦課は連合艦隊案に猛反対を示したのである。長期持久の戦略をとる軍令部にとっては、六月上旬のミッドウェー攻略作戦など寝耳に水であったから、誰もがあっけにとられ、やがて怒声となって連合艦隊案に襲いかかった。

「ミッドウェー作戦はもはや真珠湾攻撃のような奇襲は期待できぬ。勢い強襲となるが、ハワイに近く、潜水艦や基地空軍など敵の支援は容易である。不沈の航空基地に、単独で空母がかかるというのは、戦術的にも愚策である」

「ミッドウェーのような小島のため、虎の子のアメリカ空母が決戦に応じるかどうか、答えは否である。また、たとえ占領しても、維持することは困難である」

「前進基地としても効果は疑問である。本土を狙う機動部隊を未然に発見することは、算術的に見ても不可能である」

軍令部の反討論の材料はおそらく無尽蔵だったろう。しかも、米豪《べいごう》連絡線の遮断というFS攻略作戦（軍令部提案）の大命題が立ち消えになり、単に攻撃破壊にとどめるというのは、軍令部案の全的否定ではないか。作戦課長は言った。

「国の興亡を賭けた決戦には、確算の大きい方途を選ぶべきである。ミッドウェー作戦案には絶対反対である」

だが、上京した連合艦隊参謀は一歩もひるまない。

「連合艦隊の作戦方針は、敵機動部隊を誘出《ゆうしゅつ》撃滅、それのみであります。そのためにはミッドウェー作戦がいちばん確算が大きいと考えます」

こうして四月二日、三日と、双方とも譲らず激論が戦わされた。そして四月四日は山本の五九歳の誕生日だった。瀬戸内海の柱島泊地《はしらじまはくち》「大和」の長官室に、勲一等旭日大綬章《くんいっとうきょくじつだいじゅしょう》と功二級の金鵄《きんし》勲章が、お祝いとして届けられた。喜びを述べる幕僚に山本は言った。

「こんなもの、貰っていいのかなあ」

そして、金色に輝く金鵄勲章を箱から出して眺めながら、「自分はたいした戦功も立てておらん。羞《はずか》しくて、こげなもん、よう吊れやせんて」と越後《えちご》弁丸出しで照れた。

真珠湾作戦論争のときと同じく伝家の宝刀を抜いた連合艦隊参謀

翌四月五日、柱島沖は二五メートルの強風と雨であった。そして東京・霞が関は、三日続きの、なお激しい議論の応酬で荒れていた。軍令部作戦室には軍令部次長伊藤整一《いとうせいいち》中将や、作戦部長までが姿を見せている。しかし、いかなる高官がおろうと、根本的に戦略観の異なる論争は、堂々巡りの果てに暗礁に乗り上げるほかはない。

解決の方法は、軍令部総長が断を下すのみ。だがその前に、連合艦隊参謀が伝家の宝刀を抜いてしまった。連合艦隊参謀は「長官の判断を仰ぐ」と、作戦室の一隅にある柱島との直通電話を取り上げた。

このとき「大和」の電話口に出たのが誰であったか資料がない。もたらされた返答は、真珠湾作戦論争のときと同じものだった。

「この案が通らなければ、山本長官は辞任すると言われている」

この一言は、すべての論議に終止符を打つ。

「太平洋の全戦局を決定するものはアメリカ艦隊、特にその機動部隊撃滅である。米豪遮断というが、遮断の対象はやはりアメリカ機動部隊である。だが決戦場としては遠すぎる。アメリカ空母は出てこないだろう。むしろ、ミッドウェー攻略によって彼我《ひが》の決戦が起これば、それこそ望むところである。もしアメリカ艦隊が挑戦に応じないとなれば、その攻略によって、東方哨戒《しょうかい》線の推進強化ができるではないか」

電話連絡で伝えられた連合艦隊司令長官の意図は、それが山本その人の直接の言葉ではないかもしれなかったが、万鈞《ばんきん》の重みを持っていた。

作戦部長が「山本長官にお任せしましょうか」と、伊藤次長に言った。

「そうですな」

伊藤次長は深くうなずいた。

海軍戦略の祖といわれるマハンは言う。

「およそ作戦に関しては、調節（アジャストメント）を可とし、かつ必要とするが、妥協《だきょう》（コンプロマイズ）はいかなる場合でも不可とする」

その〝不可〟とする愚を日本海軍はやった。そして連合艦隊のミッドウェー作戦案は承認され、混迷を深めていた方針に決着がつくのである。

第二段作戦開始は四月一〇日と定められた。まずポートモレスビー攻略、続いてアメリカ機動部隊撃滅を主目的とするミッドウェー攻略である。

歯車はようやく回り始めた。

ドゥリットル東京空襲により歪み始めたミッドウェー作戦の目的

海軍戦略の総本山である軍令部は、真珠湾以来、自他ともに認める山本五十六のカリスマ性に圧倒されて、泣く泣く重い腰を上げた。

ドゥリットル東京空襲（昭和17年4月18日）に向かう前のB25爆撃機（米海軍の空母「ホーネット」上にて）
出所：NH 53295 courtesy of the Naval History & Heritage Command

真珠湾作戦のとき、反対していた軍令部が押し切られ、渋々ながら作戦として採択、研究を始めたのは一六年九月下旬、実に作戦開始の七〇日前である（正式決定は一〇月下旬）。だが、その前には長い長い連合艦隊の研究、演練が基礎としてあった。ミッドウェー作戦では六〇日もない。基本とする連合艦隊の準備も足りぬ。

それに、何より意気込みが違った。前者ではこの一戦に国家の命運を賭けた。後者もまた同じ比重で命運が賭けられているのだが、連戦連勝の美酒に酔い痴れて、敵を侮る気持ちが底に流れている。

しかも、マルス（戦いの神）の悪戯《いたずら》でもあるかのように、研究開始の直後に、ドゥリットル中佐指揮のB25による日本初空襲があったのである。四月一八日の真っ昼間だ。本土空襲を誰よりも危惧していた山本には大きな衝撃だった。宇垣参謀長に敵艦隊の追撃を任せると、色青ざめた山本は長官室に引き籠もり、出てこなかった。

軍令部の空気も一変した。永野軍令部総長は作戦室の大机の周りを、「これではならぬ、これではならぬ」と、独り言を言いながらぐるぐる回っていたという。

それほどに軍令部にもショックだった。アメリカ空母との対決を第一義としない限り、軍令部の言うFS作戦は絵に描いた餅になるではないか。遠い南方で作戦中に、本土空襲をかけられたら、どうなるのか。

連合艦隊司令部はそれを見て「今頃、何を言ってやがる」と露骨に冷笑した。互いの自負心がぶつかり合い、感情的な反発は容易に収まりそうもなくなった。その結果として、ミッドウェー作戦の目的が、徐々に歪み始めるのである。

この作戦に終始消極的であった軍令部が、まず、哨戒線の前進という見地から俄然積極化していくのである。アリューシャン攻略が軍令部の意向で付け加えられた。さらに、ずっと我不関焉《われかんせず》であった陸軍が、陸軍部隊をミッドウェーに派遣することになった。

山本の目標がアメリカ機動部隊の撃滅であったことは繰り返すまでもない。だが、軍令部の論争のとき、彼らの耳に心地よく響くような〝東方哨戒線の強化〟を、山本が説得理由としたことも確かである。

山本の意図から言えば、第一回の攻略作戦のときアメリカ空母が出て来なくとも、必ず奪回作戦には現れる。ミッドウェーを攻略することで、アメリカ機動部隊撃滅のチャンスが二度は予想される、そこにあったのである。東方哨戒線などは二の次三の次であった。

だが、軍令部はそうはとらなかった。彼らの間では、ミッドウェー作戦の主目的は、アリューシャンとミッドウェーを結ぶ東方哨戒線の前進にありとの認識がぐんぐん強まっていた。そのためのミッドウェー島の占領だ。

五月五日、ミッドウェー作戦に関する大海令（大本営海軍部命令）が発令された。作戦目的は「陸軍ト協力シＡＦ及ＡＯ西部要地ヲ攻略スベシ」であった。ＡＦはミッド

FS作戦、MI作戦、アリューシャン攻略作戦

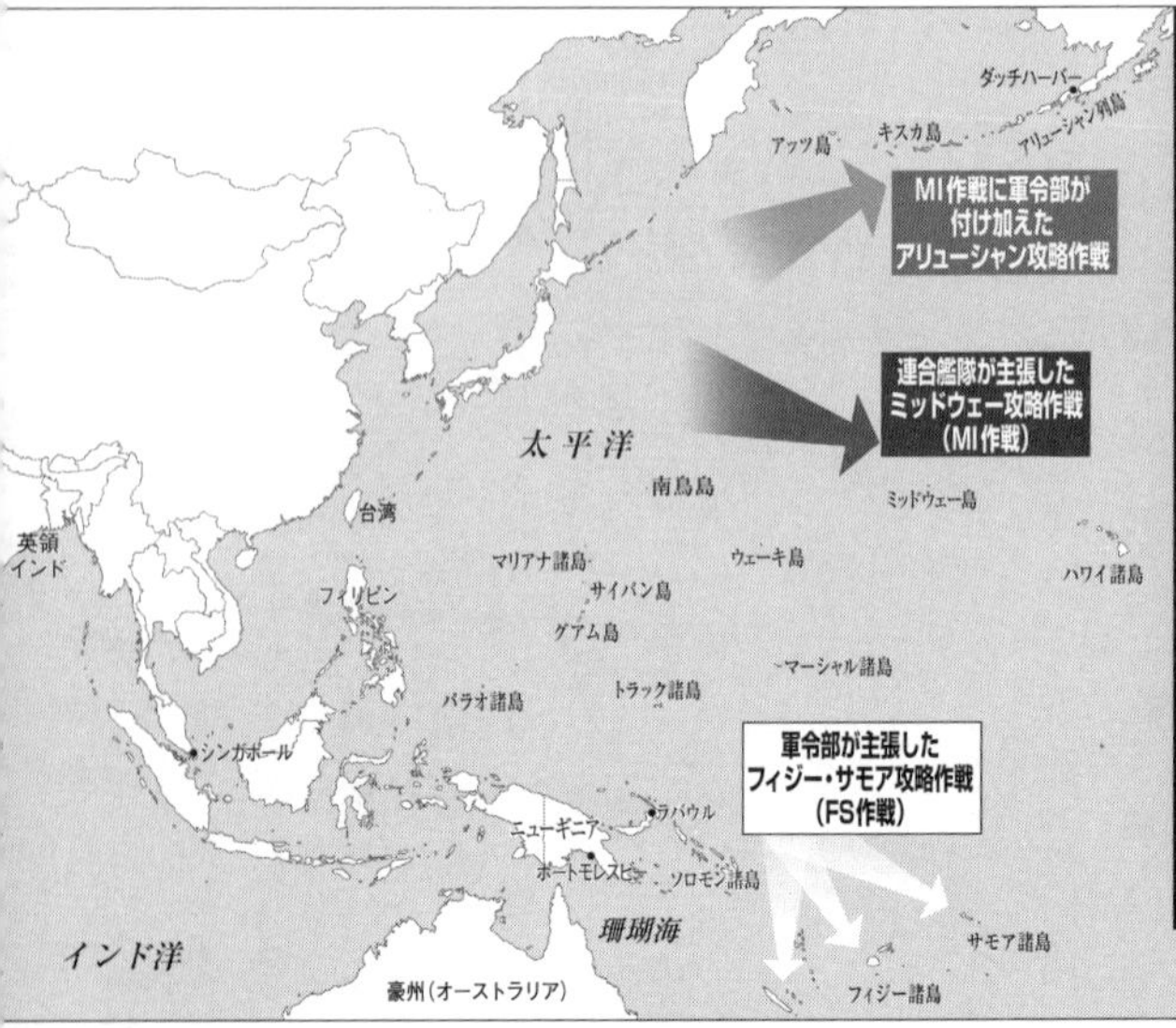

ウェー、ＡＯはアリューシャン列島の地名略語である。作戦目的の第一義は、山本の意図に反して、基地の占領となっている。

これを受けて連合艦隊司令部は、作戦要領を全軍に送った。そこには万が一を配慮して、「反撃ノ為出撃シ来ルコトアルベキ敵艦隊ヲ捕捉撃滅ス」と真の狙いを織り込んである。

だが、四月二二日にインド洋作戦を終えて日本内地に帰った南雲機動部隊は、まず横須賀に錨《いかり》を入れたのである。瀬戸内海にある連合艦隊司令部に出頭するより先に、東京の軍令部において南雲中将以下の機動部隊幹部は、次の作戦であるミッドウェー

島攻略の説明を受けてしまっていた。それが先入観となった。ここにも大きな不運の種子があった。

ともあれ、軍令部に承認された連合艦隊の作戦構想は実に雄大なものであった。参加兵力は連合艦隊決戦兵力のほぼ全力、すなわち戦艦一一、空母八、巡洋艦二一以下の大小の艦艇は、実に二〇〇隻を超えた。航空機約五〇〇機、そして陸戦隊および陸軍兵力は五八〇〇名がこれに含まれる。

戦術の大原則を無視したうえに状況の変化にも「手直し」をしない

作戦計画は見事なくらい巧緻《こうち》を極めた。ミッドウェー島占領の日を六月七日とし、これをN日とする。（以下日本時間）

Nマイナス五日（六月二日）までに一一隻の潜水艦部隊が真珠湾の北方と西方に配置につく。

Nマイナス四日（六月三日）、空母二隻を中心とする第二機動部隊（角田覚治《かくたかくじ》少将指揮）がアリューシャンのダッチハーバーを空襲し、アメリカ艦隊の注意を北方に引きつける。さらにこの日、北方部隊（細萱戊子郎《ほそがやぼしろう》中将指揮）がキスカ島に上陸を開始、占領する。

Nマイナス三日（六月四日）、第一機動部隊（南雲中将指揮）がミッドウェー島に襲いかかる。陸上施設や防禦《ぼうぎょ》陣地を徹底的に破壊す。そして米空母が出現すればこれを撃滅する。

Nマイナス二日（六月五日）、北方部隊はさらにアッツ島に上陸、占領する。主攻撃はアリューシャンかミッドウェーか、米軍の混乱を誘うのである。

Nマイナス一日（六月六日）、深夜、輸送船一四隻に分乗した占領部隊がミッドウェー島に上陸作戦開始。

N日（六月七日）、ミッドウェー島攻略。大至急航空基地化する。

攻略部隊（近藤信竹《こんどうのぶたけ》中将指揮）は占領部隊を護衛。そして山本長官が直接指揮を執る主力部隊（戦艦七を基幹）は、南雲機動部隊の西方約三〇〇浬《カイリ》に位置して、全作戦を支援するのである。

確かに、構想は雄大としか言いようがない。これだけの大艦隊が一〇個のグループに分かれ、広大な海域に分散し、異なる日時と場所から、所定のスケジュールに従って、ミッドウェーとアリューシャン海域に向かうのである。作戦を成功させるためには、緊密な連絡と整然とした協同攻撃を必要とする。

そして、敵根拠地攻略の戦術目的を達成しつつ、敵機動部隊を誘出し、決戦によってこれを撃滅するのである。

「二兎を追うものは一兎をも得ず」という諺《ことわざ》がある。その二兎を、いや三兎も四兎もあえて追う。しかも、兵力の集中という戦術の大原則を無視してまでも、である。

のみならず、実際には、整備の遅れから南雲機動部隊の内地出撃が一日遅れることとなり、当初の計画より全行動を一日ずつ遅らせることとなった。つまり、南雲部隊のミッドウェー爆撃はNマイナス二の六月五日となる。しかし、攻略のN日だけは変更されることがなかったのである。

連合艦隊の作戦計画は、のっけから敵を呑んでいた、と形容すれば、まことに格好いい。だが、転瞬《てんしゅん》の間に変化するのが戦闘というものなのだ。

作戦目的が歪んでいるうえに、作戦そのものが状況の変化にも「手直しなし」と硬直化していて、果たして成功が期待しうるというのか……。

狂い始めた歯車は元に戻らずより主観的で独善的な方向へ

さらに五月上旬の、ポートモレスビー攻略作戦に付随して生起した珊瑚海《さんごかい》海戦が、作戦目的の歪みに拍車をかけた。敵空母一隻撃沈、一隻撃破（これも撃沈と判断した）。太平洋方面に残るアメリカ空母は二隻しかいないことになった。しかも、不運なことに（実はそのこと自体は幸運なことと思えたのだが）その二隻を、五月一五日に南太平洋で発見しているのである。

六月五日に予定されているミッドウェー攻撃まで、時間的にみて、この二隻はとても間に合わぬ。真珠湾に戻るのが精いっぱいであろう、と軍令部も連合艦隊司令部も、南雲機動部隊司令部も判断した。ならば、ミッドウェー占領は赤子の手を捻るようなものだ。それから、慌てて出てきた敵空母をゆっくり料理すればよい。

狂い始めた歯車は、元に戻らぬどころか、より主観的な、独善的な方向へ方向へと狂って回っていく。

作戦の主力部隊となる南雲機動部隊の意気だけが天を衝いた。珊瑚海では術力の格段に劣る第五航空戦隊でも空母二隻を撃沈した。そこで、下品な冗談が空母「赤城」や「加賀《かが》」の士官室に飛び交った。

「妾《めかけ》の子でも勝てたのだから、まして本妻の子だったら天下無敵よ」

勝利に狎《な》れた者の過剰なほどの自信、それは、戦術的に楽観を常に伴うのである。切端詰まったものではなく、緊急感に乏しくなる。敵を下算し、侮蔑しきり、南雲機動部隊は、世界最強と自己陶酔にのめり込んでいた。

五月二五日、仕上げの図上演習が連合艦隊と南雲機動部隊の幹部によって実施されたとき、宇垣参謀長が念のために尋ねた。

「ミッドウェー基地に空襲をかけているとき、敵機動部隊が襲ってくるかもしれない。そのときの対策は？」

これに南雲中将が言下に答えた。

「わが戦闘機をもってすれば、鎧袖一触《がいしゅういっしょく》である」

山本は、その言葉にキッとなった、という。

「鎧袖一触なんて言葉は不用心きわまる。実際に、不意に横槍を突っ込まれた場合にはどう応じるか、十分に研究しておかなくてはならぬ。この作戦はミッドウェーを叩くのが主目的でなく、そこを衝かれて顔を出した敵空母を潰すのが目的なのだ。いいか、決して本末を誤らぬように……だから攻撃機の半分に魚雷をつけて待機さすように……」

そう厳しく訓示した山本であった。もっと言えば、真珠湾の夜明けの中にすら暗黒の淵を覗いた山本であった。なのに、山本その人が、五月二七日、いよいよミッドウェー作戦出撃に際しては、「今度は大きな獲物がないかもしれないな」と、のびのびとした戦闘と楽観していたのである。

Ⅱ

米太平洋艦隊司令長官「チェスター・W・ニミッツ」とミッドウェー海戦

山本五十六司令長官率いる日本の連合艦隊が、
ミッドウェー攻略作戦において対峙することになったのが、
米太平洋艦隊司令長官のチェスター・W・ニミッツ大将だった。
太平洋戦争の転換点とされるこのミッドウェー海戦では、
当時、自国の不利をいち早く悟って、それを補うために、
ニミッツは、情報戦での戦いに勝つための努力を惜しまなかった。
米海軍の勝利は、ニミッツ司令長官の判断と決断があってのものだった。
『孫子』に「彼を知りて己れを知れば百戦して殆《あや》うからず」とある。
この勝利を得るための条件を実践したのは、
日本海軍ではなく、米国海軍だったのであり、
日本人ではなく、米国のテキサス男だったのである。

孫子の兵法を近代の戦争において実践した敵将ニミッツ

「彼を知りて己れを知れば百戦して殆うからず」

これは『孫子』の「謀攻篇《ぼうこうへん》」にあるあまりに有名な言葉である。この篇で『孫子』は知謀に基づく戦法を説く。ただし、その知謀も単に小手先の術策ではなく、合理的な法則性に準じたものでなければならない。

そのためには、(一)敵情を知って戦うべきか否かを正しく判断し、(二)戦うと決すれば、兵力に応じた戦術を考え、(三)戦闘目的を明確にし、(四)態勢を万全にして敵の不備につけこみ、(五)指揮官が有能で、その上に立つ者は戦術干渉しないこと——の五つの条件を挙げている。つまりは、それが「彼を知り己れを知る」ことと『孫子』は結論するのである。

よく言われるように、敵の情報を握りさえすれば戦いには勝てる、というような簡単

チェスター・W・ニミッツ（右はウイリアム・F・ハルゼイ）
出所：80-G-34822（U.S. National Archives）courtesy of the Naval History & Heritage Command

なものではない。情報には意図的に流されたものもある。

太平洋戦争において、この『孫子』の言葉を己れの戦略戦術として見事に戦った人はといえば、敵将ニミッツ大将がまず挙げられよう。

ニミッツがナポレオン伝をよく読んだことは知られているが、『孫子』の一行に目を通したかどうかはつまびらかではない。が、戦争全局を通じて、ニミッツは実によく日本海軍を研究している。たとえば、山本五十六を筆頭とし、それに応じた戦略を練った。

特に、ミッドウェー海戦でのニミッツの判断と決断は見事だった。錯綜《さくそう》し互いに矛盾する情報の中から、法則性に準じた正しいものを選び出し、判断し、それに応じた戦術を十分に練り、態勢を万全にして日本軍の不備を突くことにすべてを賭け、その後はハワイにあって不動の沈黙を守った。そして、何よりも戦闘目的が明確だった。

彼こそが、『孫子』のよき愛弟子の一人であり、より近代的にそれを生かした名将と言えるのである。

連戦連勝で太平洋王者となった南雲機動部隊と重い十字架を背負わされたニミッツ大将

歴史に「もしも」はない。と言い切りつつ、太平洋戦争史にただ一回だけif《イフ》を持ち込むことを許されるなら、ミッドウェー海戦が最高に面白いのではないか、と思う。

もしもミッドウェー海戦で日本艦隊が勝っていたら、である。実際に勝てる力はあった。南雲忠一中将指揮の機動部隊は連戦連勝の、その時点での太平洋の王者であった。

開戦以来半歳《はんさい》で、経度差にして一二〇度、地球の三分の一に相当する距離を駆け巡った。その実力をもってミッドウェー海域へ乗り出すのである。しかも兵力比は四対三と優勢を保持していた。『孫子』の言に従えば、アメリカ海軍は「少なければよくこれを逃げ、若《し》かざればよくこれを避く」のがむしろ良策だったのである。

そのうえに、アメリカが海戦に負けたならば、その影響は計り知れぬものがある。米機動部隊を撃滅した日本の連合艦隊は、広い太平洋を日本の海とし、第二の真珠湾攻撃をかけ、さらにはハワイを攻略、米太平洋岸に来攻することも可能なのだ。日本艦隊がパナマに迫る、となったとき、アメリカの戦争遂行の努力、そして国民の士気に与える影響はどんなものであったか。

山本五十六連合艦隊司令長官が意図する早期和平交渉まで、一直線に行ったかどうかは推測し難いが、少なくともアメリカ国民の目は太平洋に集中し、ヨーロッパから遠ざかるであろうことは間違いない。つまり、第二次大戦の全局面が変わってしまうのである。

日本海軍からミッドウェー島攻略という挑戦を受けたとき、米太平洋艦隊司令長官チェスター・W・ニミッツ大将が負わされた十字架とは、そのように重いものであった。敗れれば彼自身が磔《はりつけ》にされることは間違いなかった。

テキサス男を抜擢した ルーズベルト大統領の英断

テキサス男であるニミッツは、しかし、落ち着いた挙措《きょそ》ながら、内に秘めた闘志満々の性格を持ち、この海戦の意義がいかに重かろうと、それを意識したあまり思考力を麻痺させてしまうような人物ではなかった。

一八八五（明治一八年）、テキサス州フレデリックスバーグ市生まれ、ドイツ移民の子であるニミッツは、そのとき、日本の山本長官より一歳下の五六歳であった。太陽と岩山と沙漠の荒野育ち、そして海軍士官としての経歴の主要部分を潜水艦乗りとして過ごし、狭く苦しい潜水艦はこの男の闘志と忍耐、さらにリアリスティックなものの見方を養うに大いに役立った。

南雲機動部隊の真珠湾奇襲で対日開戦となり、アメリカ太平洋艦隊主力潰滅の悲惨を前に、ルーズベルト大統領は訪れたノックス海軍長官に対して、「太平洋艦隊はあのテキサス男に任せることにしよう」と、自らニミッツを抜擢したという。

少将で、海軍省航海局長（日本で言う軍務局長）のニミッツは、日本海軍式のハンモック番号で言えば、二九番目の提督だった。それを一挙に大将に進級させて、意気消沈の艦隊にカツを入れさせようと、ルーズベルトは驚くべき英断を下したのである。

クリスマスの日に真珠湾に着任したニミッツは、その期待に十分に応えうる能力を発揮し始めた。すさまじい気迫と静かな自信に満ちた雰囲気によって、敗北感一色の艦隊を引っ張った。艦隊の士気はたちまち回復され、将兵は信頼のまなざしでテキサス男を見るようになった。彼らの総指揮官は、アメリカの歴史学者S・モリソンが描くように「責任が増大するにつれて大人物に成長していく、稀有な人物の一人」であったのである。

思いやりの深い、人間心理を極めた楽天主義者のニミッツは、だから、日本からの挑戦を受けたとき、怖じ気づくどころか奮い立った。このような決戦に備えて、過去何十年にわたって自ら研鑽《けんさん》を積んできたのではないか。これこそ求めてきた戦いであり、戦士として本懐ともいうべき戦いなのである。

だが、与えられた兵力があまりにも劣勢なのは明らかだった。万が一にも負けてはならない戦いである以上、ならば勝つ手段が残されているのか。

情報戦での勝敗と日本海軍が使った「暗号」

結論を言えば、ニミッツは見事に、ミッドウェーにおいて山本に勝った。そしてミッドウェー海戦はよく、ニミッツの情報の勝利だと言われている。ニミッツ自身も、「真珠湾以来、アメリカは日本海軍の暗号を解読していたので、日本の計画に関し、正確で、かなり詳細な情報を得るというきわめて大きな利点を持っていた……。入手した情報は、日本軍の目的、編成のあらまし、近接方向ならびに攻撃実施のおよその期日に関するものだった」

と、まず情報戦で勝ったことを認めたうえで、

「このように敵情を知っていたことが、米軍の勝利を確実にしたのであったが、実は、日本の脅威に対処するには兵力があまりに劣勢だったから、指揮官にとっては、まるで

不可避な惨事を事前に知ったようなものだった」

と、自分の幸運を素直に喜んでいる。

まさに孫子の言う「敵を知り味方を知れば百戦して殆うからず」を地でいったような、敵情を事前に知った戦いに、負ける心配のなかった典型、ということになろうか。

ところが、この情報戦で勝ったということで、ミッドウェー海戦を主題にした数多くの戦史や戦記では、なぜか、日本側暗号がすっかり解読されていたかのように描かれてきている。このため、日本の打った作戦計画や作戦行動の命令が残らずアメリカに傍受されて、それはさながら日米交渉において日本の外交電報が全部盗まれていたように、すべて筒抜けだったように考えている人が多い。

しかし、日本海軍の使っていた〝暗号〟はそれほど幼稚なものではない。第一に、電波に乗った電報の内容にそのものずばりというものはほとんどないし、開戦前より使っていた艦隊用のD暗号（アメリカ側はJN25bと呼んだ）は、ミッドウェー作戦本決まり直前の、昭和一七年五月一日にD1号および同乱数表に改定されていたのである（アメリカ側はこのD1をJN25cと呼んだ）。

D暗号ですら解読成功の公算が少ないと思われているのに、まして改定後のわずかな日時でD1暗号を、アメリカがたちまちにして自家薬籠中《じかやくろうちゅう》のものとしてしまったと思い込むとは、いくらミッドウェーの惨敗が無念だとはいえ、想像が過ぎるというものである。

優秀な指揮官は、入手したあらゆる情報や兆候に鋭い考察と正確な判断を加えて敵の企図を看破する

「敵を知る」とは、そんなに簡単にいくものではない。ニミッツの言葉には、誇らず語らざるこの海軍軍人の、謙遜が多くこめられている。その言葉を直截《ちょくせつ》に信ずるよりは、情報戦に勝つために果たしたニミッツの必死の役割を正しくみつめることのほうが大切なのである。

優秀な指揮官というものは、いろいろな出所から入手したあらゆる情報や断片や兆候に（ときには互いに矛盾するのもあろうが、それを整理し）、鋭い考察と正確な判断を加えて、

敵の企図を看破する。そして微細な手がかりから、ついにその計画や行動を摑んでしまう、そのような能力を言うのである。

情報の解読とは、いわば努力の重なり以外の何ものでもない。ミッドウェー海域で、ものの見事に南雲艦隊を撃破した知将スプルアンス提督は、そうしたニミッツの大仕事を讃えている。

「(この戦いの勝因は、)これら情報に基づいて、その大胆、勇敢かつ賢明さを遺憾なく発揮したニミッツ大将の素晴らしい判断と処置によるものだった」

日本の暗号の一部を解読し、情報を摑んでいながら、事実、米海軍の首脳は悩みに悩んでいる。海軍作戦部長(日本の軍令部総長)キング大将は、日本海軍の作戦目標をハワイと判断し、その幕僚の中には一挙にアメリカ本土に来ると推論する者もあった。しかしニミッツは、日本艦隊はミッドウェーを目指していると確信し、断固として譲らなかった。マーシャル参謀総長も当時いかに迷ったかを、戦後に述懐している。

「ミッドウェーになけなしの艦隊を集結中に、日本艦隊がどこか他の地点を攻撃したら、まったく目も当てられなかったろう」と。

日本軍はミッドウェーに来る、と決断したことは、実は大いなる賭けであったのである。ニミッツは、ではどんな情報を手にしたのか。

それは今日もなお厚いベールに覆われている。情報公開法の原則に基づいて、三〇年たった時点で、さまざまな秘せられていた歴史的事実は発表されている。が、情報戦の詳細に関することは、現下の国際情勢にもつながる国家機密として、依然として陽の目を見ることがないのである。おそらく将来にわたっても公式に発表されることはないであろう。

しかし、解明の突破口はある。アメリカ公刊戦史をはじめ刊行されている種々の文献、積み重ねられた内外の研究などを手がかりにすることで、急所のあるところまでは肉薄できよう。日本の断片的な情報を手にニミッツがやったように、〝大胆、勇敢かつ賢明に〟判断することによって。

それに何よりも、日本の連合艦隊および軍令部の作戦的全容が手元にある。その動静から、秘密のベールの一部分をときほぐすことは可能なのである。

伊124号潜水艦からの暗号書奪取と米国側の暗号解読

前提として、日本の伊124号潜水艦のことに触れておきたい。007のようなスパイの大活躍で、東京の軍令部あたりから直接に暗号書を手に入れた、というような夢物語は信じられない。とすれば、この事件以外にアメリカ側に機会がないと思われるからだ。

昭和一七年一月二〇日、オーストラリア北方海面に出撃していたこの伊124号潜水艦は、この日、米駆逐艦エゾールとオーストラリア海軍のコルベット艦三隻からの集中爆雷攻撃を受けて、海底に潜没したまま、ついに浮上しなかった。水深四五メートル。連合軍は潜水母艦ホーランドをダーウィン港より派遣し、この潜水艦を引き揚げた。

さて、ここから推理になる。そしてこの伊124号の司令塔内に、海軍暗号書の大部分が処分できないままに残されていたであろうことは、ほぼ確実である。

さらに戦後、元オーストラリア国防相ビスレイが「日本の暗号は、開戦後まもなく珊

オーストラリアにある伊124号潜水艦の慰霊碑
写真提供：AFP=時事

珊瑚海海戦（五月七〜八日）以前に、アメリカ諜報士官によって解読されていた」とし、「われわれもそれに協力した」と誇らしげに言っている点からもみて、その暗号書（または一部）が引き揚げられたことも確実であろう。

こうして連合軍の手に入ったと推定される暗号書表は、次のものであった。

1　戦略常務暗号書D
2　戦術暗号書乙
3　航空機暗号書F
4　商船用暗号書S
5　漁船用暗号書Z
6　補給造修用暗号書辛

これに、右の使用規定類（暗号を作成、翻訳の仕方とカギを説明した小型の書類）である。そして、オーストラリア国防省の言によれば、五月上旬の珊瑚海海戦の直前にこれらを解読したらしいが、三月中旬に実行された南雲機動部隊のインド洋作戦では、暗号が解読された兆候はまったくない。このことから、解読成功は四月に入ってと推定される。

解読したのは米軍諜報士官ということは明らかだが、誰なのかはもちろん不明である。それが誰であるにせよ、開戦前からハワイにあった戦闘情報班（ＣＩＵ）か、開戦後に急遽ワシントンで編成された中央暗号解読班（ＯＰ20Ｇ）のどちらかであることは確実である。ちなみに、ＣＩＵは開戦時は三〇名だったスタッフが一年後には一〇〇〇名を超えたというし、ＯＰ20Ｇは終戦時には一万名の陣容を擁《よう》していたともいう。アメリカの情報に対する力の入れ方がよくわかる。そして、開戦前から既にＩＢＭ社製の計算製表機が何台もＣＩＵに設置されていたというから驚くほかない。

しかし、これらの人員と最新機械によっても、伊１２４潜からの暗号奪取から解読までに二カ月以上かかっている。先の海軍暗号のうち、ＳとＺと辛は比較的容易に組み立てられているし、ミッドウェー作戦まで更新されることがなかったから、解読は可能だったろう。しかし、重要なのは暗号Dなのだ。この解読は、成功しなかったと考えられる。

あるいは、伊124潜乗組みの通信士が奔入《ほんにゅう》する海水の只中にあって、最重要のD暗号書の使用規定だけはせめても、切り破いてどこかに隠した後に、非命《ひめい》に斃《たお》れたのではないか、とも想像されるのである。

MI作戦発令後の日本側の状況の急変に注意を注いでいたニミッツ大将

第二段作戦の第一期作戦としてミッドウェー攻略作戦（以下、MI作戦とする）は、五月五日、陸海軍の中央協定もあって、正式のものとなり、「大海令第十八号」「連合艦隊命令作第十二号」が発令された。もちろん、このことをニミッツは知りようがない。

しかし、この日を中心に四月下旬から五月上旬にかけて、内地に集結した連合艦隊の各艦の間では、第二段作戦に備えて新編成による通信訓練が実施されている。

訓練用暗号文で、MI作戦とは直接関係のないものであったが、新編成による新しい部隊の呼出符号の出現や異例とも言える通信訓練の状況から、連合艦隊が大攻勢作戦を準備中と、ニミッツに思わせるに十分なものがあった。

さらに過ぐる三月四日夜、日本海軍は二式大艇二機をもってオアフ島を爆撃、三月一一日にはミッドウェー島を隠密偵察している。

真珠湾にあったニミッツは、こうした状況の急変に注意を注いでいた。特に三月の飛行艇による二つの動きは、攻勢開始の前兆であろうと判断した。白くなりかかった亜麻《あま》色の頭髪と澄んだ青い目、見たところ別に異彩を放つわけではない平凡な、落ち着いた好々爺《こうこうや》。しかし、その胸の裡にはなにか激しい想いが荒れ狂いはじめた。

内容も目標も不明だが、確かに、日本海軍は太平洋正面で大規模な作戦準備をしている。間違いない。そして四月下旬、日本艦隊が南方作戦を終えて本土に集結する。こうした動きも新攻勢開始のための準備なのであろう。

五月二日、ニミッツはミッドウェーに飛んでいる。守備隊長シャノン中佐の案内で島内の防備を見たあとで、「近く来攻するかもしれない敵の大規模な攻撃に耐えうるためには、このほかに、どんな兵器が必要か」と質問し、シャノン中佐の要望をすべて笑顔で聞いた。ハワイに帰還すると、ニミッツは、ミッドウェー防備強化のために必要とする兵器資材の急送を命じた。ただしこの時点で、彼は山本の次の攻撃目標がミッドウェーと確信できるはずはなかった。

さまざまな記録を見ると、彼が日本海軍のMI作戦の動きを察知したのは四月も押し詰まってからであることは明確である。そして五月に入ると、日本海軍に航空作戦を実施する際に特有な交信状況が現れ、それは特にマーシャル諸島での海軍航空部隊の動きが激しくなっていることを示していた。

マーシャルが接しているアメリカの生命線は――ミッドウェーだ。それでMI作戦に対する勘が働いたのであろうか。もちろん答えはノーである。

仮に伊124潜から手にしたD暗号を解いたと仮定しよう。しかし五月一日には原本、乱数表、使用規定ともにD1暗号に改定されているのである。

五月五日の「大海令第十八号」――連合艦隊司令長官は陸軍と協力してミッドウェー島、アリューシャン群島西部を攻略すべし――が、ニミッツの手に入るなどとは……。もしありえたら、もはや神業である。論じようもない。

この作戦命令はもちろんのこと、MI作戦関連命令は、連合艦隊の大部分の艦艇が日本内地に帰投中であったから、すべて手交《しゅこう》されている。外地にあった一部の艦隊司令部には電報で下令《かれい》されたが、使用暗号書は、機密度が最高で、アメリカも手に入れたことのない甲暗号によるものだった（一部はD1暗号によった）。と見てくれば、五月初旬のニミッツは最も重要である攻撃目標と攻撃予定日をまだ探知していなかったと推定することは正しいと思われる。

だが、MI作戦に関連する電報はこれだけではなかったのである。正式命令に先だって急増した攻略作戦に必要な艦船の修理や整備（造修と言った）補給のための数多く打たれた連絡電報には、造修用の暗号辛と商船用の暗号Sが使用されていた。そして、この暗号書はともに伊124潜に搭載されていた！

ニミッツが得た情報から見えてきた日本海軍の攻撃意図

五月中旬、日本海軍の太平洋正面の攻撃作戦はより明確になっている。

米公刊戦史はこう記してある。

「五月一五日、ニミッツはキング大将から、日本攻略部隊は五月二五日頃、グアム島を進発するであろう、という重大情報を受け取った」

これは、ニミッツがそれまでに得ていたいくつかの情報の合理性を裏付けるものであった。

果たして日本海軍は、どんな情報を与えてしまっていたのだろうか。五月八日から一九日（いわば作戦準備段階）にかけて、アメリカが解読していたと推定される商船用暗号書S、補給造修用暗号書辛を使用した関連電報は一〇通ある。その中の八通までは、一五日以前に発信されている。その中の特に重要なものを拾ってみる。

①第二連合陸戦隊第一二番電（五月八日発信、S暗号使用）

その内容は、この陸戦隊所属の輸送船の整備促進に関するもので、そこからは「ぶらじる丸、清澄丸《きよすみまる》、あるぜんちな丸などは、呉および横須賀にて、一五日前後に、出撃準備を完了する」ことを読み取ることは容易だった。

②前進部隊電令作第二二号（五月一一日発信、S暗号使用）

MI作戦の、支援部隊、占領部隊、護衛部隊、基地航空部隊のサイパン島、グアム島進出に関する内容を持った電報で、その結果は「第七艦隊、第十二航空戦隊、第二水雷戦隊、第二連合特別陸戦隊、および第十一・十二設営隊が、五月一五日以降、サイパンとグアムにおいて作戦準備を実施する」ことが、明瞭に浮き彫りされていた。

③基地航空部隊電令作第一五号（五月一二日発信、暗号書辛）

これは第六・十四航空隊などのAF進出に関する重要作戦命令電報であった。これを解読すれば、

（1）攻略目標がAFであること。

（2）南雲機動部隊が、五月下旬、瀬戸内海西部を出撃するであろうこと。

（3）AF攻略部隊（基地員、資材）が、五月二五日までに、サイパン島に集結すること。

これら緊急情報を知ることはおよそ可能であった。

④ぶらじる丸機密第〇〇〇番電（五月一五日発信、S暗号）

第二連合特別陸戦隊と横須賀第五特別陸戦隊を乗船させたぶらじる丸が、横須賀を出

港するとき打った電報である。これによって、AF攻略部隊の第一陣が五月一五日の正午頃、日本内地を出港しサイパンに向かったことが推察できた。その距離と船団速度から逆算すれば、サイパン着の日時、そして攻略目標に向かっていつ出撃していくかも、おおよそ摑みうるであろう。すなわち五月二五日頃、サイパンに出撃する、と。

――ともあれこうした情報で、ニミッツは、この時点で日本海軍に中部太平洋に対する攻略意図があることに、もはや疑いをも抱かなかったのである。敵はきっと来る。しかし、どこへ？

日本軍のすべての動きがミッドウェーの一点に向けられているというニミッツ大将の確信

司令長官室の扉の外に、彼は一つの警句を自ら書いて貼っておいた。

「チャンスは得難し。失い易きは人のみならず、国家もまた然《しか》り」

そのチャンスが確かなものとして訪れてきているのである。しかし、味方の兵力から見れば、それは絶好の機会と言うより〝推測された危機〟(Calculated Risk) と言ったほうが正しい。迫り来る最大のピンチに、今、自分は直面しようとしていることを、彼はほかの誰よりもよく知った。

日本海軍はこの頃、戦勝の喜びに浮かれていた。横須賀、呉、佐世保の各軍港では、新攻略作戦に必要な艦船の補修、補給が徹夜の突貫工事で進められている。出撃近しの噂は誰言うともなく街に流れていった。水交社《すいこうしゃ》、下士官兵集会所では、遠征の門出を祝う盛大な壮行の宴《うたげ》が深更《しんこう》まで賑やかに繰り広げられ、真珠湾前夜の、水を打ったように静かな、あの緊張は吹っ飛んでしまった。各旅館は、しばしの別れを惜しむ将兵の家族たちで超満員であった。

ニミッツが最も知りたがっている攻略目標が、ここではあっさりと会話の中に飛び出していたという。呉の床屋の親方が、ある航空隊の飛行長に「今度は大がかりの作戦に出かけるそうですね。ミッドウェーですってね」と話しかけ、飛行長をびっくりさせたりした。

同じ頃、ハワイで、ニミッツは、そのミッドウェーを知るべく必死になっている。しきりに行き交う通信の中に、ＡＯ、ＡＦといった新しい二字の地点略語が出てくるのには早くから気づいた。特にＡＦが問題である。どうやら攻撃目標らしい。それはどこなのか。

似たような地点略語にＡＦＧというのがあった。これとＡＦが関連を持っていると推論することは理に適《かな》っている。ＡＦＧがフレンチ・フリゲート環礁《かんしょう》であることは、潜水艦作戦の一連の中で突き止めていた。ＡＦとフレンチ・フリゲートは互いに接近しているのではないか。したがって、それはハワイ諸島のどこかを指しているように思われる。ウェーキ島の日本軍から大本営への電報を傍受《ぼうじゅ》すれば、ＡＦからは毎日長距離の航空哨戒がされている、と報じている。哨戒機を出している米軍根拠地といえば、オアフ島はもちろんである。ミッドウェーかダッチハーバーである可能性もあった。

また、日本の地名略語Ｐがパラオ付近を指し、Ｒがラバウル付近の地名には決まってつけられているように、Ａはアリューシャンを指しているという、傾聴するに値する意見も、テキサス男の耳に届いている。

入り込んでくる情報の量は多いし、さまざまである。しかし、ニミッツはミッドウェー防衛に全力を尽くす覚悟を既に固めていた。日本軍のすべての動きは一点、ミッドウェーに向けられている、と彼は確信した。それでもなお、「推量は役に立たない。欲しいのは事実だ。これだけという事実だ」と、日を追うごとに不機嫌になりながら、直属のCIUの尻を叩いた。

「ミッドウェー島は蒸溜装置故障、真水が不足」という米軍戦闘情報班の「餌」に食いついた日本海軍

戦闘情報班の指揮を執るロシュフォード中佐は、そんなニミッツに五月中旬のある日(一説には五月一一日だというが、少し早すぎる感がある)、思い切った提案をした。わざと、ミッドウェー島の蒸溜施設が故障して飲料水が不足した、という電文を流してみてはどんなものだろうか。大作戦を前にいきり立っているウェーキ島の日本軍無線諜報班は、きっとこれを東京に報告するであろう。

ニミッツはこれをOKした。

「ミッドウェー島は蒸溜装置故障、真水が不足している」

なんと、日本軍は飢えたカマスのように、この餌に食いついたのである。当時、軍令部特務班の秘密受信所であった大和田通信隊（現気象庁受信所）は、これを受信、ただちに軍令部特務班に電話した。米海軍は戦前から、補給や経理に関する電報を平文で発信する習慣があったから、これを偽電とは露疑わないのである。軍令部はさっそく暗号化すると、MI作戦関係部隊にこの情報を流した。

「AFは真水が不足している」

この電報の使用暗号種別は不明である。したがって、本当にアメリカ側が解読したかどうか、に関しても明らかではないが、多くの戦史や戦記は、

「AFはミッドウェー島に間違いなし」

と、戦闘情報班が躍り上がって喜んださまを描いている。日本海軍にとってなんともお粗末な話ではあるが。

それはともかく、これまで多くの本が書くように、真にアメリカ側が日本海軍の暗号解読に成功していたのなら、AFごときにこれほど手のこんだ謀略を仕組まねばならなかった理由がわからない。D暗号ないしはD1を解読していなかったからこそアメリカ

も迷い抜いたのだ。繰り返すが、「敵を知る」とはそれほどまでに難しいことなのであろう。

五月一六日、疲れを知らぬニミッツはオーストラリア付近を行動中の空母エンタープライズとホーネット、および珊瑚海海戦で大破したはずのヨークタウンの急遽ハワイ集結を発令した。この大敵の来攻を迎えて、可能限度の最善の手を講じようと、彼は決意したのである。

さらに、中部太平洋方面にあった二五隻の潜水艦に対して、瀬戸内海西部、横須賀およびマリアナ付近の海域の哨戒を下令する。もちろん隙あらばこれを攻撃せよ、である。そしてハワイ、ミッドウェー、アリューシャンの各基地に命じ、警戒を厳《げん》にさせた。哨戒圏は七〇〇浬とす。この距離は実に有意義であった。機動部隊の能力からいえば、夜明けに目標を攻撃するためにはその前夜に六〇〇浬圏に到達し、夜陰を利用して全速で突進、接近するのが常識だった。七〇〇浬で発見すれば優に一日の余裕がある。

おそらく最初にして最後の援助をイギリス海軍に求めた米海軍

さらに日本の大型飛行艇によるハワイ偵察の目を封じるため、秘密燃料基地と推定されるフレンチ・フリゲート環礁に哨戒艇を置き、日本海軍の使用を断固拒否したのである。こうなると、日本海軍の三月二日の飛行艇によるオアフ島攻撃は、余計な作戦だったということになろうか。もしこれがなければ、この環礁を利用しての、真珠湾偵察、すなわち「敵を知る」ことが日本海軍にも可能だったからだ。

MI作戦のスタートである敵情偵察（五月三一日実施予定、K作戦と言った）は、飛行艇への燃料補給役である潜水艦が、アメリカ艦艇のフレンチ・フリゲート環礁占拠を発見、ただちに中止された。

この間にも、W・ハルゼイ中将指揮の空母部隊は、まっしぐらに真珠湾へのコースを驀進《ばくしん》していた。実はこの部隊はニミッツよりの帰投命令を受ける前日に、日本軍の索敵《さくてき》

米海軍の空母「ヨークタウン」
出所:80-G-21931(U.S. National Archives) courtesy of the Naval History & Heritage Command

機《き》に発見されていたのである。勝利の女神は、ここでもアメリカ側に微笑みを投げている。

わずかに生き残っている空母二隻(ヨークタウンは珊瑚海で撃沈したものと信じられていた)を、ハワイからなんと三五〇〇浬も離れた海上で発見した。それは軍令部と連合艦隊に、米機動部隊の反撃を受けずミッドウェーを攻略できると思わせるに十分だった。逆に言えば、アメリカ側は策を弄《ろう》せずに、日本海軍にそう信じ込ませることができたのである。

テキサス男のほうも、この幸運を無駄にするようなことはしないのである。問題は傷ついている空母ヨークタウンである。水線下と飛行甲板に大穴があき、それでも自力航行は可能だったが、最大速力は全速の二分の一以下。しかし、これを投入しないことには、寡兵《かへい》の上に戦闘体験のないパイロットの多い味方機動部隊の実力を知るが故に、日本軍の進攻は防げない、と思うのだった。

ヨークタウンの真珠湾帰投は早くて五月二七日と予定された。これではとても作戦に間に合わない。そこでニミッツは決意する。十分に連絡をとって報告を受け、入港に先立って損傷部の代替え部分をあらかじめ用意しておき、入港と同時に昼夜兼行で、これを電気溶接して急場をしのがせる。この非常手段で、とにかく戦場へ送り出すのだ。

このヨークタウンの修復が間に合ったとして、彼我の空母勢力の比は、少なくとも四対三、尋常に戦ったのでは、とうてい勝目のない兵力であった。キング大将はニミッツと相談し、窮余《きゆうよ》の一策として、イギリス海軍に支援を依頼することにする。米海軍がイギリス海軍に援助を求めたのは、おそらくこれが最初にして最後であったろう。

イギリス海軍大佐ロスキルは、そのときの状況をこう記録している。

《五月一九日、キング大将は、イギリス第一海軍卿パウンド大将に対して、イギリス空母一隻をインド洋から南太平洋に回航するか、ラングーンまたはアンダマン諸島に対して航空攻撃を加えるか、ラングーンとシンガポール間の日本軍海上交通路を妨害するか、そのいずれでもいい、ともかく支援されたし、と申し出た。

二二日、イギリス海軍は初めてミッドウェーの危機に関する情報を知り、インド洋艦隊司令長官ソマービル大将に対し支援を命じた。大将は返答した。現有兵力をもってする最良の方策は、セイロン島に向かい陽動することであろう。五月二七〜二八日、われら決死の出撃をせんとす》

この陽動作戦は現実に実行されたが、皮肉なことに、ミッドウェー一点に焦点が絞られた日本海軍の知るところとはならず、協同作戦は空振りに終わったという。とはいえ、米海軍の苦悩が滲み出ている。

「AF」とはミッドウェー島であり 六月四日前後(現地時間)に敵はミッドウェーに来る

ミッドウェー攻略部隊(第二連合特別陸戦隊、陸軍一木《いちき》支隊、第十一航空戦隊、設営隊)を搭載した日本海軍の六つの船団は、五月一五日から二二日にかけて、日本内地を出港した。護衛するのは第二水雷戦隊。一隻を欠くこともなく、部隊は一九日より二六日までの間に、サイパンおよびグアムの泊地に集結を終わった。

そしてその報告は、潜水艦からニミッツへ逐一届けられた。さらに五月一九日、官房機密第七六七電により、海軍呼出符号表を開戦後、初めて更新した。これもニミッツに新作戦企図を示唆する好資料を与える結果となったと思われる。

ニミッツの掌中《しょうちゅう》には、それ以前に、さらに一通の、より重要な情報が握られていた。それは五月一三日、第二水雷戦隊司令部が関係部隊に宛てて発信した電報なのだ。使用暗号は艦船造修用の辛。解読はまことに容易だったろう。

「……AF攻略サイパン進発部隊は二六日一三〇〇作戦打合《うちあわせ》、二七日出港予定につき、二一駆潜艇隊、五州丸《ごしゅうまる》、神川丸をして二六日一二〇〇までにサイパンに集合のことに取計《とりはから》い度《た》し」

これで船団の目標に向かって出撃の日時がわかった。船団の速力から算定すれば、日本海軍の作戦決行の日が明らかになる。AFつまりミッドウェー攻撃予定日は、間違いなく、六月四日前後（現地時間、日本時間では五日）なのである。しかも潜水艦の報告は、船団のサイパン集合と、そして出撃を的確に立証しているではないか。

ニミッツは、五月二七日、これを麾下各部隊に通報、六月四日までに迎撃作戦準備を急速に完成するように下令した。この判断は正確であり、その後の一週間は、余裕を持つためにも貴重だった。

この前後であったという。ミッドウェー攻略日本軍部隊のある副官（陸戦隊とも航空戦隊とも言われている）が平文で打った電報をニミッツは手にしたのである。

「六月中旬以降、当隊宛ての郵便物はミッドウェーに転送されたし」

この平文電報には米海軍首脳は頭を抱えた。これは偽電ではないのか。ワシントンの軍首脳に迷いが出る。日本海軍はハワイまたはアメリカ西岸を強襲する意図を隠すために、わざとこうした内容の電文を頻繁に発信、傍受させているのではないか。

が、ニミッツはもはや動かなかった。敵はミッドウェーに来る。しかも六月四日に。戦理に準ずれば、情報はそのことだけを語りかけている。そして判断に誤りはないのである。それがテキサス男の揺るぎない確信であった。ミッドウェー島の防衛強化もどうやら成った。兵力は人員三〇〇〇名、飛行機は約一二〇機を備えることができた。

日本の機動部隊を待ち伏せして奇襲をかける以外に勝つ手はない

五月二六日、ハルゼイ指揮の空母二隻が真珠湾に帰投した。と同時に、ハルゼイ中将が皮膚病のため入院という思いもかけぬ事態が起きたが、このときも、ニミッツは慌てなかった。アメリカの運命を左右する重要な戦いに最適の将が倒れた以上、その将が推薦する者を後任にするほかはない、とニミッツはいとも明快に決断していた。

要は、一カ月余にわたる丹念な情報収集と断片によって、これ以外にはないと総合判断し、立てられた作戦計画を、指揮官は忠実に、そして冷静に実行してくれさえすればいいのである。ニミッツはそう考えている。

その計画とは、ミッドウェーの北西から進攻してくる日本機動部隊を、北方海面で待ち伏せし、奇襲をかけるのである。それ以外に勝つ手はない。

五月二八日、日本のミッドウェー占領部隊がサイパンを出港すとの緊急電が潜水艦から発せられた。戦機は熟しに熟した。翌二九日、豊後水道《ぶんごすいどう》を出撃する日本艦隊発見の緊急電が、ハワイに送信されている。すべてはニミッツの予想どおりである。だが、米潜水艦が発したこれら緊急電は、日本海軍も受信し、その内容は解読できなかったものの、米海軍が日本の動きを察していることは容易に推定できた。

連合艦隊参謀長宇垣纏中将は、六月一日付の日記に書いている。

《ホノルル放送電報一八〇通の中七二通の緊急信あり、敵はすでにわが動きを察知し、手当中と認められる。ことにミッドウェーの西南方六〇〇浬付近に潜水艦を配備し、哨戒機と相俟《あいま》って警戒を厳にしあること、おおむね確実となれり》

しかし、参謀長の正しい判断は麾下艦隊に通達されなかった。なぜなのか。

日本の攻略部隊がサイパンから出撃したのが五月二八日。翌二九日、ハルゼイ中将に代わって機動部隊を指揮するスプルアンス少将は、真珠湾を後にした。三日までに待機地点に到達、敵の来攻を待ち受ける。前日にニミッツから受領した命令はこうである。

「(この任務の遂行に当たって)貴官は、麾下の艦隊を暴露することによって、敵により大きな損害を与える見込みがなければ、優勢な敵艦隊による攻撃に麾下の艦隊をさらすべきではない、という予測された危険の原則に従うべきである」

英語を翻訳するとややこしい構文になるが、要は日本艦隊への果敢な攻撃を督励《とくれい》しながらも、その裏で、貴重な空母部隊を保存することがミッドウェー島を救うことよりもっと重要である、とニミッツは言い切ったのである。すなわち、奇襲攻撃以外の戦術はないと。

ニミッツの作戦命令とは常にこのように簡潔なものであった。部下の指揮官に達成すべき任務を明示した。そのため可能な限り情報を収集し、研究を続け、的確に判断し、そうした大戦略に基づいた戦闘遂行のため、必要な手段をすべて与えた。そしてその後は、その指揮官が自分の任務を達成することができるように、その指揮官に万事任せてしまうという方法を取り続けたのである。

それは孫子の言う「将、能にして君の御せざる者は勝つ」——将軍が有能であって、その上にある者が余計な干渉をしないことが、勝利の条件である、という言葉そのままではないだろうか。

六月二日、賭けの結果が出る日まで、あと二日はある。ニミッツのなすべきことはすべて終わった。彼は手持ちの空母（エンタープライズ、ホーネット、ヨークタウン）すべてを投入したのである。

事前の情報戦に勝利した米海軍、「相手を知る」ことなく楽観した日本海軍

深々と長官室の椅子に身を沈めながら、テキサス男は日増しに薄くなってゆく、陽焼けした頭髪を手で掻き上げる。左指が一本欠けている。自分が完成させたディーゼルエンジンの事故で、だいぶ以前に失ったものであった。

窓からは、はるか下に真珠湾が眺められ、撃沈された戦艦アリゾナの崩れたような艦橋が、海面に屹立《きつりつ》しているのが見られるのである。あのときは惨敗した。しかし、今度はなんとしてもその日本海軍に勝つのである。そのための作戦を練りに練った。情報はフルに使った。そこには塵《ちり》ほどの手落ちはないであろう。

ニミッツは、窓越しに聞こえるサルベージやリベットの轟音にふと耳を傾けながら、

これから日課としている一マイル遊泳に行かねばなるまいな、とそんなことを思うのだった。

その同じ日（二日夜）、マーシャル群島のクエゼリン環礁に陣した日本海軍の第六艦隊（潜水艦部隊）司令部特務班は、暗号文の形式から見て米空母と哨戒機間の交信と推定される二群の通信を捕捉した。クエゼリンは、位置的にも米海軍通信の受信状況が良く、情報収集には最適の第一線基地だった。

翌三日、さらにウォッゼ、ウェーキおよびヤルート基地からの協力を得て、クエゼリンの特務班は、この電波の方位測定に成功した。その概位は、ミッドウェー島の北北東一七〇浬付近であった。そこに米空母がいる！　第六艦隊司令部は、このことを作戦特別緊急電報で大本営に連絡、さらに南雲機動部隊を含むＭＩ作戦関係部隊に報告した。

宇垣参謀長の日記にもこのことが、「敵機動部隊がミッドウェーの北東にあるらしきを感ず」と記されている。

にもかかわらず、これを無視した日本海軍は、「相手を知る」必要をカケラも認めないかのように、敵の待ち伏せる海面へ向かって進んで行くのである。軍令部は敵空母はなおオーストラリア近海にあるものと思い込んでいる。連合艦隊は南雲中将にすべてを任した楽観の中にある。そして、その南雲機動部隊は、いかなる敵であろうと鎧袖一触の驕慢に浸り切っているのであった。

近代戦は情報の戦いという苛烈《かれつ》な現実を知らず、作戦決行の朝、南雲中将は敵情報告の中で、「敵空母ヲ基幹トスル有力部隊、付近海面ニ大挙行動中ト推定セズ」と全軍に宛てて信号を発した。

運命の一戦は、ここに幕を開ける……。

〈付記〉暗号について、かつて元海軍中佐富永謙吉《とみながけんきち》氏の教えを受けたことがある。それが基本になっていることを記し、感謝の意を表します。

Ⅲ

遠すぎた提督「高須四郎」
――代行指揮を執った七五〇時間

昭和一七年（一九四二）六月のミッドウェー海戦で日本海軍は大敗北した。
そして、昭和一七年八月からのガダルカナル島の戦い、
さらにはソロモン海戦と熾烈な戦いが続いた。
昭和一八年四月前半に実施された「い号作戦」が終わると、
山本五十六司令長官は、
その戦いに挑んだ将兵たちの労をねぎらうべく、
前線航空基地に向かった。
だが、その途中で米陸軍航空隊の襲撃を受け、絶息することとなった。
そのうえ、次の連合艦隊司令長官となった古賀峯一大将も殉職。
さらに次の豊田副武《とよだそえむ》大将が親補《しんぽ》されるまでの一カ月間、
連合艦隊司令長官は不在となったのだが、
その約七五〇時間の間に、全軍の指揮を執ったのが、
スラバヤにいた南西方面艦隊司令長官高須四郎《たかすしろう》大将であった。

連合艦隊司令長官の搭乗する飛行艇の消息がまったく不明となった

真夜中の、雷鳴を伴う大密雲が、二機の飛行艇を呑み込んだ。のちに第二番機の不時着は確認されたが、積極的な捜索にもかかわらず、第一番機の消息はまったく不明となった。

この急報は昭和一九年四月二日午前三時半、東京・霞が関に打電されてきた。わずか一機の飛行艇の遭難だが、これほど海軍中央を驚愕させ、苛立たせ、戸惑わせた報告はなかった。その飛行艇には連合艦隊司令長官古賀峯一大将が搭乗していた。

先の司令長官山本五十六大将が戦死してから、まだ一年もたっていない。そのときに、再び主将を失うようなことがあれば、戦運に見離されたというほかはないだろう。それだけに、夜も明けきらぬ午前五時、幹部は海軍省に参集し、軍令部からも次長や作戦部長があたふたと駆けつけた。午前九時には、海軍大臣嶋田繁太郎大将も沈痛の面持ちで

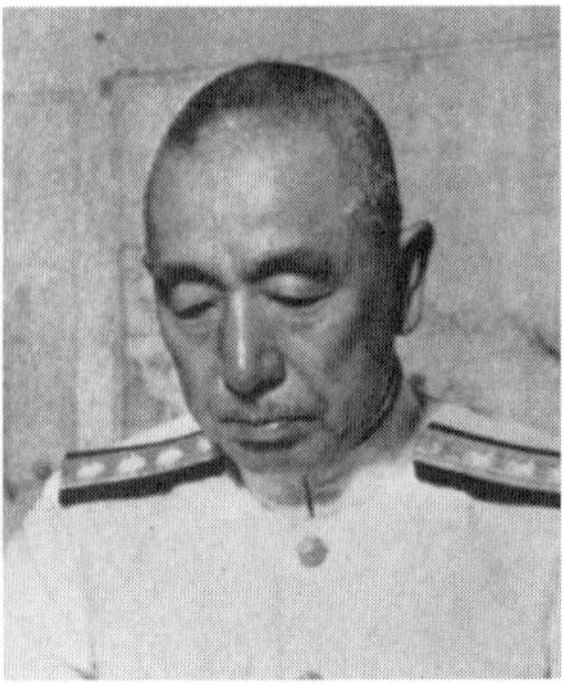

嶋田繁太郎（左）と古賀峯一（右）
出所：NH 63427, NH 63354 courtesy of the Naval History & Heritage Command

登庁、大臣室で省部合同の緊急会議が開かれた。

彼らを困惑させているのは、古賀長官の乗機が行方不明であることだった。山本長官の場合のように戦死が確認されれば、部外発表はともかく、直ちに後任者が天皇によって親補され、指揮権は新長官に引き継がれる。しかし不明となれば、捜索報告を待ったのちに最終判断を下さねばならないのだ。

そのため最も重大な問題となるのは、最終判断まで連合艦隊の作戦指揮が空白状態となることであった。

米機動部隊は、既に三月二九日から三一日にかけて、西カロリン諸島のパラオを急襲、迎撃に出た日本海軍基地航空部隊との間に、激しい戦闘が繰り広げられた。その結果、一年かかって養成錬磨した第一航空艦隊（司令長官角田覚治中将）は進出兵力の半数近い約九〇機を失い、また、中部太平洋方面艦隊（司令長官南雲忠一中将）航空部隊も約五〇機を失い、残存一一八機（実働九二機）という容易ならぬ戦況になっているときだ。しかも、米機動部隊はその後も活発に行動を続けており、日本海軍もそれに応じた作戦を展開せねばならなかった。

危急の戦時下と平時とを同じに考えているような人事で高須大将に連合艦隊の指揮権がゆだねられた

会議は、暗鬱だが、それだけに切迫した雰囲気のもとに進められた。この緊急時に、作戦指揮を空白にできない以上、親補の連合艦隊司令長官は決められないとしても、その代行を早急に立てなければならないという論が先行した。とすれば、軍令承行令《ぐんれいしょうこうれい》に従って、連合艦隊の次席指揮官に白羽の矢が立つ。

彼らの眼は、遠くジャワ島スラバヤに司令部を置く南西方面艦隊司令長官高須四郎大将に向けられた。いわゆるハンモック番号に従えば、先任に近藤信竹大将がいる。しかし近藤大将は支那方面艦隊司令長官であり、建制上は連合艦隊の外にある。高須大将に暫定的に指揮をゆだねるのが自然なのだ。

しかし、主戦場は太平洋東正面と考えられる今、スラバヤはあまりに西に位置していた。高須司令部の構成も、太平洋からインド洋にまで広がった広大な戦場をカバーするには、人数的にも不足し、無理があった。

「司令部も手薄だが、それ以上にこれまでの南西方面艦隊司令部の作戦指導は、西に偏しすぎている。これを過早《かそう》に改めうるとは期待できぬ。その結果、せっかく整備しつつある東正面の航空兵力を、西に移す懸念をなしとしない」

という厳しい意見が、軍令部側から出た。それに対して、

「それならば、そうならぬように軍令部で指導すればよいだろう」

と、当然の反駁も海軍省側から提示された。そして会議は、高須長官に司令長官代行として、連合艦隊の指揮をゆだねることを決定。が、直接指揮できる軍隊区分には制限をつけることとした。

つまり、軍令部次長名をもって、高須大将は軍令承行令に従い、とりあえず連合艦隊

天皇に拝謁する高須四郎
（昭和15年11月。当時、中将。右は大西瀧次郎少将、左は山口多聞少将）
写真提供：毎日新聞社

全般の指揮を執るが、麾下の南西方面艦隊と北東方面艦隊を除くそのほかの艦隊は、「中部太平洋方面艦隊司令長官（南雲中将）をして指揮せしめられたし」

と要望したのである。

このことは、言外に、高須司令部が連合艦隊の全指揮を執ることに杞憂《きゆう》を感じていることを示している。主戦場たる太平洋東正面からの米軍攻勢を迎撃できる陣容が、高須司令部にはないと判断しているに等しかったろう。

にもかかわらず、海軍中央は高須大将に連合艦隊の指揮権をゆだねようというのである。ただ一つ、最先任であるという理由によって。危急の戦時下にありながら、平時と同じに考えているような海軍人事の、硬直さと無責任さ。いよいよ傾きつつある戦勢を、これでどうやって立て直そうというのであろうか。

高須大将は、海軍中央よりの電令を受け、四月二日、ただちに全軍に発した。

「われ連合艦隊の指揮を執る」

さらに深夜の一一時五二分には、軍令部次長の要望に沿って南雲中将に、

「太平洋作戦の指揮を執れ」

と電令するとともに、前線近くまで進出していた機動部隊（小沢治三郎《おざわじさぶろう》中将指揮）をマレー半島のリンガ泊地《はくち》に後退させ、母艦部隊として十分な戦力となるよう急速錬成を命じた。さらには、ニューギニア西部の在ホランジアの陸軍航空部隊の増強、ニューギニア北部への陸軍の増派などを、南方軍（寺内寿一《てらうちひさいち》大将）に対して要望するなど、次々に活発な作戦指導を執り始めるのであった。

軍令部による「東に備えよ」の戦略的大方針と「西に偏した」新連合艦隊司令部の指示の発令

当然のことながら、高須司令部より発せられる命令、あるいは同参謀長指示電《しじでん》は、連合艦隊命令（指示）として発令されている。それらの根底には、高須司令部の、その時点での戦況判断が置かれていることは言うまでもない。

つまり高須司令部は、指揮権を継承した時点で、先月末のパラオ空襲後に姿を消した米機動部隊が再び来攻し、フィリピン南部、西部ニューギニアを空襲するものと判断した。そして米軍の次の大規模攻略戦は西部ニューギニアへの上陸、そしてフィリピンへ向かうであろうと、明確な戦略戦術観を抱いていた。まさしく海軍中央が憂慮したように「西に偏した」ものであったのである。

それは、半年前の昭和一八年九月に軍令部が今後の戦略的大方針として「連合艦隊は東に備えよ」と決めたことに完全に背馳《はいち》する。米海軍主力は戦力の充実が成ったときには、大機動部隊をもって中部太平洋に一挙に来攻してくるであろう、そのときに連合艦隊主力（機動部隊と基地航空部隊の協同）は、これをマリアナまたはカロリン諸島近海で迎撃、決戦に出る――それが軍令部と古賀連合艦隊司令部との間で一致して決定した作戦であったのだ。

しかし、新連合艦隊司令部はその大方針も知らぬかのように、次々と西正面強化の指示を発令する。米海軍の本格的進攻は近いと予想される緊急大事のとき、この状況を望見しながら、海軍中央は一層の焦慮に駆られた。一刻も早く、意思の徹底化を図らねばならないと。そして海軍中央はまた、緊急解決を要する難問に取り組んだ。それは、一身に重責を担った長官を二人も最前線で失った今、連合艦隊はいかにあるべきかについてであった。彼らは省部合同の研究会議を開き、真剣に論じ合ったのである。

複雑錯綜化する戦場と、スピード化する戦勢に即応しうるよう、今こそ連合艦隊一本《いっぽん》槍《やり》の編制を変えるべきではないか、という反省に基づいている。

四月三日、五時間余《あまり》もかけた研究は、さまざまな意見が比較検討され、討議された。大別すれば次の四案になる。

第一案＝軍令部総長が連合艦隊を兼任する。

第二案＝これまでと同じように、新連合艦隊司令部を再編する。

第三案＝連合艦隊司令長官を置かず、司令部を解消、各方面艦隊を大本営の直率《ちょくそつ》とする。

第四案＝連合艦隊、支那方面艦隊、海上護衛総司令部をすべて総括した海軍総隊をつくり、その最高司令長官を置く。

肝心の司令長官代行が抱えていた知られざる重大なる事実

それらの案にはそれぞれ一長一短があった。が、明日にでも決戦が生起するやもしれぬ時、根本に手をつけている余裕がない以上、比較的容易に改編できる案に絞られていった。その結果は、軍令部総長が連合艦隊司令長官を兼任し、中央において全局面を見渡しつつ、指揮を執ることが最良の案とする意見が強くなったが、「軍議は闘わず」の言葉どおり、結論は平凡なところに落ち着いて終了した。

「編成は現状のままとし、連合艦隊をして極力作戦に専念しうる如く、制度・人事全般を研究考慮すること」

「最高司令部は中央と緊密なる連繋を保持するを要すること。したがって、東京に置くを最良とすること」

あまりにも日本的な決定と言えるかもしれない。会議とはそうしたものであるとも言えよう。この緊要な情勢下、制度の急変は慎むべきだという常識論が、やがて会議を支配していったのである。

こうして機会はむなしくすり抜けていく。スラバヤの新連合艦隊司令部は大きな矛盾を顕現させながら、暫定的・変則的に、主戦場からははるかに遠い西の端に置かれたまま、全般の指揮を執ることとなる。幕僚の増員もないままに。

そして驚くべきことには、二日の会議でも、三日の研究会でも、ついに問題視されなかった重大な事実が裏側にあったことだ。肝腎の連合艦隊司令長官代行の高須大将が、健康がすぐれず、というよりは病状もかなり悪化しており、スラバヤ南方の避暑地トレステで療養に専念することが多かった、というのである。胃癌《がん》が大将の心身を既に蝕んでいた。中央はそれを知らなかった。「宰相病篤かりき」は『三国志』の名軍師孔明のこと、詩にも歌にもなろうが、全責任を担った主将が初めから重病というのでは、ただ単に天を仰いで慨嘆《がいたん》するほかはあるまい。

組織を活かすも滅ぼすも人事にあり、ということを、海軍中央の心あるものは骨身に沁みて考えていたにちがいないが、制度や慣行の急変は困難で危険という常識的〝空気〟に流されて、黙《もく》して見送るままであったのか。とすれば、根本から海軍は戦う組織ではなかったと評するほかはないのだが……。

「典型的なおえら方」と言ってよい平和時の日本海軍がつくり出した提督

そうした海軍中央の危惧や懸念も知らず、スラバヤの新連合艦隊司令部の幕僚の意気は天を衝《つ》いていた。突然の、隕石に当たったかのような檜舞台への登場である。たとえ長官の心身が衰弱気味であろうと、いや、それだからこそ一層のこと、長官を援《たす》け、獅子《し》奮迅《ふんじん》の働きをせねばならぬときなのだ。

幕僚は少数陣容ながら、海軍大学校卒業ないし選科卒の俊英が揃っていた。参謀長西《にし》尾秀彦《おひでひこ》少将（海兵四一期）、先任参謀田口太郎《たぐちたろう》大佐（四七期）、参謀内田成志《うちだしげし》中佐（五二期）、久住忠男《くすみただお》少佐（五六期）らである。これにバタビア在勤武官の前田精《まえだただし》大佐（四六期）が応援として加わった。

特に先任参謀田口大佐は自信に溢れていた。生粋《きっすい》の航空屋であり、開戦直前には軍令部第一部二課長（防備・訓練担当）として、対米戦略を練った栄えある軍歴を持つ人である。この先任参謀が、温厚篤実な、いわば〝宴会用〟の参謀長西尾少将を押しのけるようにして作戦指導の先頭に立った。

連合艦隊司令長官代行となった高須大将はまた、当時の海軍の最も提督らしい提督だった。どっしりと落ち着いていて円満な人柄、そして、やることにソツがない。平和時の海軍が見事につくり出した提督、換言すればただただ俊秀幕僚に深く信頼を置く「典型的なおえら方」と言ってよい人であった。

茨城県出身、海兵三五期、海大卒。この期の出身には海兵トップ卒業の近藤信竹、野《の》村直邦《むらなおくに》各大将らがいる。高須の卒業成績は一八六名中の一〇番。将官に進級して後はハンモック番号に変更なし、の海軍人事の常識に従って、大将に進級したのは昭和一九年三月、先任の近藤信竹（一八年四月進級）に遅れることほぼ一年ということになる。

歴史に「もしも……」を持ち込むことは許されないが、古賀長官殉職のとき、近藤大将が支那方面艦隊司令長官でなかったなら、あるいは海軍中央が連合艦隊について再検討したとき、伝統とか少々の混乱にこだわらなかったなら、高須の名は太平洋戦争を戦った将帥の中に、わずかに開戦時の第一艦隊司令長官という栄光とともに残されたことだろう。それほどに高須大将は、大将にまで進級したわりには派手派手しいところがなく、わずか二年の中央の要職があっただけで、あとはもっぱら海上暮らし、年功序列と幸運で一歩一歩進んできた提督であった。

ただ戦歴としては、日中戦争勃発直後に第一航空戦隊（「鳳翔《ほうしょう》」「龍驤《りゅうじょう》」）司令官、少将として戦闘を指揮して戦ったことが特筆される。このとき、麾下の戦闘機隊の奮戦が華々しい記録として残されている。八月二二日、四機で中国空軍一八機と戦い、六機撃墜。

翌二三日、さらに別の四機が中国空軍二七機を迎撃、九機撃墜、いずれも味方に被害なし、というのである。

「二・二六事件を惹起した」と
鈴木貫太郎に批判された五・一五事件の高須判決

この功もあり、中将に進んで海軍大学校長、さらに第五艦隊司令長官（中支および海南島警備）、第二遣支艦隊司令長官、第四艦隊司令長官（内南洋《うちなんよう》警備《けいび》防衛《ぼうえい》）と、海上生活が続く。

そして昭和一六年八月、いよいよ日米開戦に際し、全作戦指揮専念のため山本連合艦隊司令長官の第一艦隊司令長官兼任が解《と》かれ、代わりに高須中将が第一艦隊司令長官に親補されたのである（このとき、先任の近藤信竹中将が第二艦隊司令長官という妙なことになっている。第二艦隊〈夜戦部隊〉を重視する山本長官の要望があったのかもしれない）。

しかし八〇年の海軍史をひもとけば、その中に実は、高須四郎の名が忘れられぬものとして残されている。五・一五事件の海軍軍法会議における判士長（大佐）としてである。時の犬養毅《いぬかいつよし》首相を暗殺し、反乱罪および反乱予備罪で起訴された海軍現役将校に対して、昭和八年一一月、高須判士長は最高禁錮一五年という軽い判決を言い渡している（民間側被告は無期懲役を最高とした）。

この高須判決に対して、海軍部内はもとより世論もまた、

「花も実もある名判決」

とまで褒めたたえ、高須は高須で来訪者に誇らしげに、

「戦争することは勉強したが、人を裁くことは学ばなかった。しかし、裁判長をやったことは一生の思い出であり、今後は誰にせよ、裁判長になる必要のない平穏を念じている」

と語ったというが、それを世論は、至言とか名言とか称賛する始末だった。

紀脩一郎《きのしゆういちろう》氏の調べによれば、確かに、万事に慎重な高須には真剣に裁判に取り組んだ面はある。判士長発令とともに、夫人には行く先も用件も言わず家を出て海軍砲術学校長原敬太郎《はらけいたろう》少将宅を訪ね、一室を提供してもらい、前後四カ月近く籠城して予審調書

などに克明に目を通したそうだ。

大角岑生《おおすみみねお》海軍大臣が健康を憂慮して、便宜のいい水交社に移ったらどうかと勧めたが、高須は、

「人の出入りの多いところでは公正な判断はできぬから」

と丁重に断ったともいう。しかし、

「真実に政治に明るいものであったなら、もっと厳格に処分しなければならなかっただろう。それが緩やかであったために二・二六事件を惹起《じやつき》した」

と侍従長鈴木貫太郎《すずきかんたろう》が厳しく批判するように、艦隊派全盛時代という、いかに時の勢いがあったとはいえ、上に屈し、世論に迎合した面が、高須判決にあったことは否めない。

高須大将には、履歴的にも性格的にも、律義ではあるが、周囲の状況に押し流される弱い、穏和な面があった。よりあからさまに言えば、人格的にはともかく、危機の指揮官として必要な、力量も戦略観も、人間的な強さも十分に備わっていないと見られていた。

それが今や、癌細胞に冒され、体調を崩し、しばしば休養をとらねばならぬ状態にありながら、連合艦隊の総指揮をゆだねられたのである。

急激な変化に対応し、即座に、適切な判断と断乎たる命令を下すには、体力はもちろん気力の面で大いに欠けるところのある状態であった。

しかし、軍令承行令による限り、この「典型的なおえら方」をおいて指揮権を継承する者はいないのである。日本海軍は、危急存亡の時を直前にして、いかに伝統とはいえ、自縄自縛《じじようじばく》に陥っていたと言うほかはない。

ともあれ、田口先任参謀を中心にして高須司令部の八面六臂《はちめんろっぴ》の活躍が始まっている。戦いの主体は、まず航空撃滅戦となるであろう。航空戦となれば、いわば田口参謀のお手のもの。主戦場から遠く、久しく防勢一方で髀肉《ひにく》の嘆をかこっていたが、攻勢に出る時は今なのである。

「Z一作戦」発動用意と軍令部の思惑

折から四月九日、トラック島南方五〇〇浬にて、しばらく動静を見失っていた米機動部隊が発見される。高須長官は翌一〇日夜明け、敵のニューギニア北岸に対する奇襲上陸を警戒、各航空基地に急速移動準備ないしは進出待機を下令する。さらに一一日、味方索敵機はカビエンの北方および東方において四群の米機動部隊を発見した。

勢い立った高須司令部は、ニューギニア西北岸に対する敵の大規模攻略作戦を確信する。陸軍部隊と協同し、敵上陸部隊を海上に迎え撃って敵の企図を粉砕すべく、連合艦隊命令を全軍に下令した。

連合艦隊電令作第四六号

「一、敵ハ『ニューギニヤ』北岸方面ニ大規模ナル攻略作戦ヲ企図スル算極メテ大ナリ……。（以下略）

二、（略）

三、本作戦ヲZ一作戦ト呼称ス」

既に成っているZ一作戦要領によれば、「発動用意」がひとたび発せられたのちは、第一航空艦隊、第一四航空艦隊ら、広く中部太平洋に展開した基地空軍はすべてZ一空襲部隊となり、南雲忠一中将の指揮下からは除かれる。そして高須大将の連合艦隊司令部（代行）の直接指揮を受けねばならぬのである。

はるか東京にある軍令部は、高須司令部の作戦指導をやきもきしながら見守った。これでは先に発した軍令部次長の要望が、完全に無視されたこととなり、虎の子の基地航空兵力が西へ移動してしまう惧《おそ》れが濃厚となるではないか。

しかし、軍令部はその一方で安心する材料を持っていた。それは、次長伊藤整一中将と参謀源田《げんだ》実《みのる》中佐らが、古賀長官行方不明後の処置と、今後の作戦構想の徹底化のため、既に南方へ飛んでいたからである。

その伊藤次長一行がスラバヤに飛来したのは、まさに高須司令部がGF（連合艦隊）電令作第四六号を下令したと同じ日、四月一二日の午後遅くであった。これを迎えた高須長官らは、あらためて軍令部の構想している戦略戦術についての詳しい説明を聞かされた。それは、決戦場を中部太平洋（マリアナ東方、ウルシー南方およびパラオ南西海面）と予定し、決戦開始時期は六～七月頃という、確定している基本路線の確認であった。

相互不信を相乗するかのような雑音が東京とスラバヤの間を素早く行き交う

高須司令部が、この大方針を完璧なまでに了解したかどうか、残された記録はただ一つ、一週間後の四月二〇日に帰京した伊藤次長一行の軍令部における報告がある。

「中央ヨリ軍隊区分ノ件、諒承ス」

これで見ると、高須司令部は、軍令部の作戦指導と全面的に一致したかに読み取れる。そこには何らの齟齬《そご》も不信もないかのようである。

だが、事実はそのとおりには運ばなかった。しかも相互不信を相乗するかのような雑音が、東京とスラバヤの間を素早く行き交った。それはまことに他愛《たあい》のない話なのだが、次長一行を迎えた高須司令部は、一夕《いっせき》の歓《かん》を共にするため中国料理の卓を用意した。その料理の一つに、日本内地ではとんとお目にかからなくなったツバメの巣があった、という。

東京や南方各地で、いつからか、そのことをあげつらい、

「南西方面艦隊司令部は連合艦隊の指揮権を受けたことでいい気になり、贅沢三昧で、作戦も何も真剣にやっておらん」

という声が高まっている、そんな中傷が高須司令部の幕僚の耳に入ってきたのである。ツバメの巣は、その季節にはスラバヤが特産地であり、特別な馳走《ちそう》でも何でもなかったのだが、それだけにこの伝聞は高須司令部を激昂《げきこう》させた。

海軍中央はそれほどまでに信を置いていないのか。あまつさえ、わざわざ貶《おとし》めるに、〝贅沢三昧〟とは何ということか。つまりは、長官やわれわれの力量に対する軽視が、その根底にあるのであろう。幕僚たちは躍起になった。

「確かに、その話は私も耳にしました。誰が言ったことなのか知りません。伊藤次長という人は、私も仕えたので知っていますが、そんな卑しいことを口にされる方ではないし……そんなことより、料理を一口も口にされなかったであろう高須長官の健康の悪化を、もっときちんと見抜くのが中央の役目だろうに、気づかなかったのでしょうかね」

と、当時の参謀だった久住忠男氏は語るのである。

そして、つまらぬ噂で勇み立った高須司令部の幕僚たちをますます駆り立てるかのように、その前後から戦勢が急速に動き始めた。敵発見の報告が踵《きびす》を接して投げ込まれてきたのである。

幕僚たちの作戦計画や意見にうなずくだけの司令長官が「Z一作戦発動」を発令する

四月一八日、一〇〇五
中型空母二を中心とする艦隊、トラックの一八〇度、四三〇浬、西進中。
四月一九日
空母を含む敵部隊発見、メレヨンの一五〇度、四〇〇浬。
陸軍偵察機ロング島北方約一〇〇浬にて、輸送船団二梯団を発見、北上中。コタラジャ基地に敵小型機来襲。高須司令部は、これらの報で、敵は太平洋方面（主攻）、インド洋方面（助攻）の同時作戦発動と見てとった。そこで一九日夕刻、麾下の南西方面艦隊に対し「Z一作戦警戒」を発令。さらに連合艦隊麾下に対しても同じ「警戒」を、真夜中の二三時五二分に発令した。戦機は大きく動いた。指揮下の第二三航空戦隊（陸攻が主力、在ジャワ・スマトラ）はソロンおよびビアクに進出、敵の上陸に備える。

こうして高須司令部は、米艦隊や船団の動静を追い、連合軍のニューギニア西岸への来攻は必至と判断した。そして、それを裏書するように、二一日の夜明けより、ホランジアに対して米艦上機の攻撃が始まったのである。高須司令部は、全軍に「Z一作戦発動」を発令した。

軍令部はびっくりする。中央の意図を諒承したはずでなかったのか。日本海軍の戦術的混乱は、この辺からひどくなっていく。それにつけ込むかのように、四月二二日、連合軍はホランジア、デバブレおよびアイタペに上陸する。これはまったくの奇襲となったが、高須司令部は自らの戦術的判断の正しかったことに断然たる自信を持ち、ますます強く作戦を指導し引っ張っていく。

幕僚たちの作戦計画や矢継ぎ早の意見具申に、病身の高須長官は、

「よかろう」

と、ひたすらうなずくだけであった。だが、連合艦隊命令として、全部隊にそれは電令される。

高須司令部は、まずテニアン島にあった第一航空艦隊司令長官角田覚治中将に命令を発し、指揮下の陸攻部隊の進出を命じる。とともに、麾下の第二三航空戦隊も角田中将の指揮下に入れ、これを第三空襲部隊として、敵上陸部隊に対する航空作戦を強化すべし、と発令した。命を受けた角田中将はまた「見敵必戦《けんてきひっせん》」の猛将だったから、マリアナ・カロリン方面に配備の航空部隊（陸攻）をニューギニア方面に移動させ、華々しく作戦を展開しようとした。

さらに高須司令部は、マレー半島のリンガ泊地で訓練中であった機動部隊の、決戦用とも言うべき艦載機の使用も考慮し、小沢司令部にその旨を打電。その上に、二三日には、角田中将に対して、陸攻隊ばかりでなく、中部太平洋に展開中の戦闘機（零戦《れいせん》）、艦上爆撃機（彗星《すいせい》）の各隊による上陸部隊攻撃を、参謀長発電をもって要望する。

「明二四日、敵機動部隊および輸送船団に対し総攻撃を決行せられたし」

東京の軍令部は、この状況を望見しながら驚愕し続けた。ニューギニア一辺倒の作戦指導により、太平洋での決戦に備えて隠忍自重《いんにんじちょう》で練磨中の航空兵力が、小出しで失われるのを心から恐れたのである。

しかし、軍令部が介入するより先に闘将角田中将がまず疑問を表明した。二四日に攻撃せよと命ぜられても、零戦・彗星の部隊の戦場進出はとても間に合わぬ、と意見具申したのである。

闘将角田覚治の意見具申を頑としてはねのけた高須司令部

機動部隊の小沢中将もまた参謀長名義で連合艦隊に意見具申する。

「わが実働兵力は零戦七〇、彗星六〇、天山《てんざん》（艦上攻撃機）四〇。当艦隊としては全力作戦を行うにあらざれば大局を制することは困難である。よって緊急事態が生起しない限り、既定方針を堅持せらるるを可と認む」

ここで軍令部が割って入って高須司令部に指示した。

「全力決戦の時が来るまでは、小沢機動部隊の航空兵力の逐次使用は差し控えられたし」

こうして、機動部隊は使えないと決したものの、なおも高須司令部は、日は遅らせようとも攻撃方針を変更せず、と闘志満々たるところを示すのである。角田中将はやむなく、虎の子の戦闘機一六（零戦）、艦爆一六（彗星）の部隊の進出を命じ、ニューギニア方面の第三空襲部隊に編入することにした。

兵力を引き抜かれることとなって狼狽したのは、中部太平洋方面艦隊の南雲司令部である。参謀長名義で連合艦隊参謀長宛てに厳しく意見具申を打電した。（二四日〇九五三）

「中部太平洋に展開中の航空兵力は目下増強中で、現在分派《ぶんぱ》可能の戦闘機、艦爆は一個航空隊程度にすぎず、それを持っていかれては戦力がないに等しくなる。また、小兵力の分派かつ洋上《ようじよう》長途の移動は危険極まりない。来るべき決戦の時機を失うことになる」

また、さすがの闘将角田中将もそれを受けて、連合艦隊（高須長官）宛てに打電する。

（二四日一一〇五）

「現戦勢にて、太平洋東正面とニューギニア北部方面の二方面同時作戦は、当方としては担当し難い。それに、兵力の小出しは絶対に禁物である。転進時の消耗も多すぎる」
しかし、高須司令部は連合艦隊司令部の威信にかけて、頑《がん》として角田中将の意見具申をはねのけた。（二四日二三〇五）
「ホランジア地区の確保は西部ニューギニア防衛上絶対に必要である。今後の対ホランジア作戦指導上にも、この際、できる限り敵の機動部隊および船団を攻撃するの要あり。そのため約一〇日の予定をもって戦闘機、艦爆の部隊を進出させ、西部ニューギニア、ペリリューを基地として航空作戦をせしめられたい」

角田覚治
写真提供：毎日新聞社

いわば角田中将がつけた文句に対し、「何を言うか」と、叱りつけた格好だった。いやしくも連合艦隊の指揮を執っているのだ。それに服さぬのは軍令違反であろう、と……。

まさか半ば病臥中の連合艦隊司令長官が、幕僚たちの作戦指導に任せたままで下令しているとは、角田中将は察しようがなかった。やんぬるかな、と虎の子の戦闘機と艦爆に移動発進を命じた。

余計な作戦はするな、決戦の日まで隠忍せよ、との命令でＺ一作戦「発動」は、「用意」に改められた

軍令部は、ここに至って手をこまねいてはいられなくなった。放置すれば、これからの全作戦計画が崩壊するやもしれない。翌二五日、軍令部次長発で、高須長官に宛てて強い調子の電報を送る。

「五月中旬、機動艦隊が完備するまでは、戦局の大勢を制しうるような作戦の実施を望むことはできない。（中略）よって、ここ当分の間は、精練なる小部隊による奇襲攻撃のほかは、消耗戦は極力これを避け、この間に敵の跳梁《ちょうりょう》を許すことがあっても、これを忍び、もって基地航空兵力の充実を図らんとする……（略）」

要は、余計な作戦をするな、である。決戦の日まで隠忍せよ、と命じるのである。敵前のちぐはぐな作戦指導も、まさに極まれりであったろう。

軍令承行令に基づいて、連合艦隊の作戦指揮を高須長官にゆだねたのは海軍中央ではなかったのか。

高須司令部がスラバヤにあり、そこから戦局を眺める目には、足下のニューギニアが大きく見える。つまり、マッカーサーの進攻ラインが強力に映って、ニミッツの太平洋進攻ラインがかすれてしまう惧れのあることは、とうに承知していたはずではなかったか。にもかかわらず、そこに連合艦隊の指揮権を与えたのである。テンヤワンヤは当初から予想されていたことであったろう。

その上に、東京とスラバヤとの間には、何とも表しようのない相互不信が生じている。かつ前線部隊指揮官もまた、高須司令部に対して批判的となり、南雲中将も角田中将もそれをあからさまにして、サイパンに出張してきた軍令部の松田千秋《まつだちあき》少将に、新連合艦隊司令長官の速やかな発令を要望する始末だった。

高須司令部の幕僚たちの憤激は、一時は天を衝いたであろうが、統帥ということを真剣に考えれば、軍令部の指示に従うのが本道というものであった。しかも長官は寝たり起きたりの状況にある。興奮もやがて鎮静するとともに、高須司令部は、己れらが遂行せんとしている作戦計画が正鵠《せいこく》を射ていることを自認しつつも、統帥命令に従うのが義務とする冷静さを取り戻していった。

四月二七日午後四時三二分、高須連合艦隊司令長官（代行）は、これまでのすべての命令および指令を取り消すが如き命令を、全軍に発するのであった。

「戦勢ニ鑑《かんが》ミ、必要ナル哨戒、索敵、並ニ好機ニ投ズル敵上陸地点ニ於《お》ケル輸送艦船等ノ奇襲ヲ除キ、敵機動部隊ニ対スル索敵攻撃ハ、特令スル迄《まで》之ヲ行ハザルモノトス」（原文）

代打とはいえ、連合艦隊の指揮権を委譲された高須四郎長官の、これ以後のすべての命令は、無効に近くなるのだ。哨戒・索敵は許されるが、積極的な攻撃は東京よりの特別の命令のない限り、これを行わざるものとす、というのである。中央に縛られて、どれほどの作戦行動ができるというものか。

四月二九日午後四時、Z一作戦〝発動〟が再び「用意」と改められ、すべては終わった。ホランジアは見捨てられ、敵の思うにまかせることとなった。

艦隊決戦のみを主眼としてしまう時代遅れの連合艦隊

連合艦隊の栄光を説く人は多い。しかし、連合艦隊一本槍が太平洋戦争において、戦いの変化に伴って如何《いか》に重荷となり、ある意味では誤った戦術組織であったかを説く人は少ないのである。海軍中央が、古賀長官以下の遭難の時点で、連合艦隊という日露戦争以来の戦術的組織で戦うことが、いささか時代錯誤であることに気づいていたということについては既に触れた。にもかかわらず、日本海軍はそれに固執して戦った。

このために、艦隊決戦のみを主眼として、海上護衛や兵站《へいたん》確保や敵の補給線攻撃など、近代戦の骨格をつくるもう一つの面がすべておろそかになった。

その教訓を如実に示しているのが、連合艦隊代行の高須司令部の一カ月の戦闘であったろう。指揮権の空白を恐れ、それをやみくもに埋めたがために、単なるアキレス腱の切断ではすまず、土性骨《どしょうぼね》を折られるという惨めさを、日本海軍は喫するのである。

それともう一つ、欧米にて盛んに研究されている「リーダーシップとは何か」の本質の中に、「指揮官は焦点に位置せよ」ということが言われている。その戦訓がまともに当てはまる。高須司令部は、あまりにも遠すぎた連合艦隊司令部であった。断るまでもなく、高須司令部に罪はない。戦闘正面から遠すぎる総司令部に、伝統の名のもとに全権を委譲するという愚をあえてした海軍中央に全責があることは、今さら言うまでもない。

戦勢のその後について触れておく。

四月二九日午前一〇時三〇分、トラック島発進の索敵機は、南西四三〇浬に空母二を中心とする米機動部隊を発見した。しかし、基地航空部隊は発動中のZ一作戦のための第三空襲部隊として、なお連合艦隊（高須司令部）麾下にあり、中部太平洋方面艦隊指揮官（南雲司令部）には指揮下の航空兵力がなく、何らの手を打つことができなかった。

このとき、トラック島には、戦闘機三五、艦爆四、艦攻一二、陸攻五、偵察機五の六一機があった。これらの航空兵力は、出撃することなく、むなしく攻撃を見送っただけではない。翌三〇日、命令系統の混乱で動きもままならぬまま、米機動部隊の艦上機延べ六五〇機の空襲によって、全滅という悲運に陥ったのである。このため、日本海軍が策した乾坤一擲《けんこんいってき》の中部太平洋での決戦（あ号作戦）が、大きく蹉跌《さてつ》することとなる。

もっと悲劇的な事実を示しておく。

高須司令部の下令によるZ一作戦中、主力として投入された航空兵力は、攻撃することはおろか、索敵に飛び立つだけで未帰還機が続出という連日の悲惨が続いたのだ。それも「ヒ連送」（敵飛行機見ユ）を発しえた飛行機が数少なかったほど、高速を誇る米新鋭戦闘機の前に、劣速の陸攻では歯が立たなかった。

四月二〇日から二六日までに未帰還となった陸攻の索敵機は一八機。もはや語るべき何ものもないことを、この数字が示している。

また、角田中将が急速移動を命じた戦闘機・艦爆の部隊も、整備不十分や進出基地の未完成、連絡不行届きなどが災いして、着陸時に損傷が続出するという不手際もあり、その後の十分な戦力とはならなかったのである。

そして五月三日、豊田副武大将がやっと連合艦隊司令長官として親補された。一新された正式の連合艦隊司令部が編成され、高須連合艦隊司令部（代行）のほぼ一カ月の作戦指導は終わった。ほとんど時を同じくして、高須長官は避暑地トレステにあった海軍病院に入院する。その責任感において、最後の闘志をもって、よく頑張ったと言うべきか。

だが、海軍中央は、豊田大将が親補式を終え、木更津沖の軽巡《けいじゅん》「大淀《おおよど》」に大将旗を掲揚したとき、後味の悪かった高須時代が終わったことで、心から皆ホッとした、という。

（ちなみに高須大将は、六月一九日に本職を免ぜられて帰国、軍事参議官にとなったが、病床にあったままで、その年の九月二日に戦病死した。享年六〇であった）

Ⅳ

レイテ沖海戦の司令官たち
——豊田副武司令長官と四人の主将

昭和一九年（一九四四）五月三日、高須連合艦隊指令部（代行）の作戦指導は、
ほぼ一カ月で終わり、豊田副武大将が連合艦隊司令長官に親補された。
同年六月、マリアナ沖海戦（あ号作戦）にて、日本海軍は大敗北を喫し、
全戦力を投入した連合艦隊は致命的で深刻かつ最大の打撃を受ける。
そしてその損害を引きずったまま、
日本海軍はレイテ沖海戦（捷一号作戦）へと突入する。
空母をオトリとして敵機動部隊を北方へ誘い出し、
その隙に、全水上艦隊がレイテ湾の敵上陸地点へ殴り込む。
この苦肉の作戦、奇道の戦法では、
各部隊の整然たる協同とタイミングの一致が絶対に不可欠であった。
にもかかわらず、日本の指揮官たちは、
相互不信にとらわれながら、戦うことになった……。

「不適当なりや否や」と昭和天皇に尋ねられた海軍大臣

昭和二〇年四月三〇日、人事の問題で参内した海軍大臣米内光政《よないみつまさ》大将は、突然に、天皇に尋ねられた。

「レイテ作戦における水上艦船の使用は不適当なりや否や」

これまでにも、作戦に関し大元帥としての天皇が質問することは珍しくはなかったが、このように細部にわたって、しかも半年前の作戦を口にするというのは、きわめて異例であった。のみならず「適当なりや否や」と当然問うであろうところを、「不適当なりや否や」と言ったところに、天皇の並々ならぬ不信を読み取り、米内海相はひたすら恐懼《きょうく》して退いた。

この下問に対して、海軍中央は上奏書をまとめて後刻提出した。答弁は率直ながら、苦心の跡をありありと残していた。この作戦計画そのものは当時の情況にあっては不適

当とは言えぬと前提しながら、
「作戦指導不適切ナリシモノアリシハ否ム可《べ》カラズ」
と、天皇に対し、戦術指揮の〝否〟を全面的に認めざるをえない結論を示したのである。

米内光政
出所：国立国会図書館

「史上最大の海戦」と言われるレイテ沖海戦（捷一号作戦）は、この上奏書でも説明しているのだが、基地航空部隊をフィリピンに集中し、米軍の上陸進攻に乗じてその機動部隊を撃破することを骨子としていた。

だが、敵上陸を迎える直前にさまざまな誤断や錯誤が重なり、航空戦力の大半を喪失してしまった。やむなく空母部隊をオトリとして米機動部隊の強打力を吸い取り、その間隙《かんげき》に乗じて全水上艦隊を上陸地点のレイテ湾に殴り込ませ、米上陸部隊を殲滅しようとする、苦肉の、しかも破天荒な作戦であった。

制空権のない海上を水上艦隊がハダカで突撃しても、何の効果もなく、全滅するかもしれないことは目に見えている。だが、連合艦隊司令部は、いかなる犠牲を払っても比島に米軍を上陸させてはならない、これを阻止するためには水上戦闘部隊をすり潰しても悔いはないと、惨たる覚悟を決めたのである。

もとより全面的な勝利は望みうべくもない。せめて圧倒的戦力を擁する米軍に甚大な損害を与え、戦争を引き延ばす一か八かの戦いを挑む。そのために敢えて、全滅を覚悟の、戦理の常道にはない奇想天外な「奇道」の戦法をとるのである。

世界の海戦史上、主力艦隊全滅を期して目的達成をはかる、しかも、戦艦が港湾に〝殴り込み〟敵の輸送船を撃つ、そんな酷烈な作戦など、かつてあるべくもなかった。奇道の作戦と言うほかはない。戦いが終わったとき、空母四、戦艦三、重巡六、軽巡四、駆逐艦一一隻の三〇万トン余を日本海軍は失い、なけなしの航空機一〇〇〇機以上が撃墜され、七四七五名の将兵が戦死した。その意味することは、明治以来の国民の努力の結晶、戦力としての「大海軍」の消滅である。レイテに上陸した米軍とその機動部隊を撃滅し、比島を確保するという作戦目的もついに成らなかった。

天皇の質問はそこを突いている。基地航空部隊の戦力を失って、作戦の基本が崩壊しているのを承知で水上艦隊を突っ込ませる。そして、言葉に尽くし難いほど凄惨な戦いの果てに、艦隊の戦闘力を残らず失うとは、もはや異様な作戦と言うほかはあるまい。

しかも、生身の体を爆弾と化す神風特攻までが組み込まれている。すべてが栗田健男中将率いる栗田艦隊のレイテ湾突入を成功させるための、総力結集であった。にもかかわらず、日本海軍は何の目的を達することなく、連合艦隊壊滅という決定的な失敗を犯すに至った。レイテ沖海戦は無意味な作戦ではなかったのか。天皇はそれを咎めたのである。「用兵上、不適当ではなかったか」と。

敗因は無謀で容易に理解し難い作戦計画そのものにあった

終戦後、来日した戦略調査団の質問に対して、栗田健男元中将は答えている。

「全作戦の失敗は、通信の欠落による」

さらに、レイテ湾内の上陸船団よりも機動部隊を攻撃するほうが有効だと考えたのか、

と追求され、

「然り」

と明確に応接した。

しかし、栗田艦隊が攻撃しようとしたこの米機動部隊は、幻の艦隊であったことが明らかになっている。発信者のいない「北方に敵機動部隊あり」の電報（したがって記録にもない）を信じて、レイテ湾を目睫《もくしょう》の間に指呼しつつ栗田艦隊はくるりと反転した。この「謎の反転」に対して、栗田長官はおそらく精いっぱいに答えても「通信の欠落のため」と言うほかに、はっきりした理由はつけられなかったのだろう。

それほどまでにレイテ沖海戦は、複雑多岐にして異常な戦闘であった。広大な戦場で、艦艇二四〇隻以上、飛行機一七〇〇機が敵味方に分かれ、入り乱れて死闘を展開した。軍事史家ボールドウィンが言うように「優れた通信連絡と正確な行動調整と大胆な作戦指揮」とに成否のかかった決定的な海戦だった。

日本海軍は各方面から四つの艦隊がばらばらに出撃、それぞれが与えられた任務を達成しようと進撃した。それだけに、時間的に空間的に、各部隊の作戦行動そのものが互いに有機的な連関をもって戦われねばならなかった。整然たる協同とタイミングの一致が重要だった。それと、その統一指揮が――。これらすべてに、日本海軍は大きな欠陥を露呈して、惨敗した。

たとえば、小沢オトリ艦隊の敵機動部隊吊り上げ作戦成功電を、栗田中将は一〇月二五日の夕刻（戦場離脱の直後）まで眼にすることがなかったという。また、一方の小沢中将は、栗田艦隊がレイテ湾口にまさに迫りつつあったという事実を、まったく知らないでいたという。作戦の成否のカギを握る二つの主力艦隊の、神経系統ともいうべき通信・情報が、互いに交換されることなく、まったく不整備のままであったとは、およそ戦闘部隊にあっては考えられないことだ。

これまでにも、レイテ沖海戦の敗戦の教訓は多くの人によって指摘されている。通信連絡の不備、航空部隊掩護《えんご》の欠如、指揮系統の複雑性、タイミングの驚くべき悪さ、などなど。だが、真の敗戦の教訓は、軍事戦略・戦術上、無謀とも思われる、容易に理解し難い作戦計画そのものにあった。具体的に言えば、問題は二つあった。一つは、航空兵力のカサのない主力艦隊による港湾殴り込みという、戦理を超越した戦法である。他の一つは、輸送船団を攻撃主目標とする戦術変更である。

連合艦隊司令部は悲壮な決意のもとに、最後の決断として殴り込み作戦を決めた。これが最終戦であり、敗れれば海軍どころか、国そのものの存続が危ういと考えたからである。そうであればあるほど、真の作戦目的を麾下の全軍に対して、連合艦隊は明確にしておかねばならなかった。だが、それが必ずしも完璧でなかった、というよりも、真意が伏せられ、大きなギャップを生んだ。そこにこの海戦の最大の悲劇があったのである。そのことを知るために、しばらくレイテ湾から離れて、作戦方針策定の時点にまで戻らねばならないであろう。

致命的な打撃を受けたマリアナ沖海戦での日本海軍の敗北

昭和一九年六月一九日から二日間にわたって戦われたマリアナ沖海戦（あ号作戦）で、連合艦隊は雌伏二年余で鍛え上げた全戦力を投入、サイパン島上陸の米軍に海空決戦を挑み、完敗した。

マリアナ諸島は、一八年九月の御前会議によって、日本軍が全力を傾け尽くして防衛線を築いた最重要拠点である。それを失うことは、日本が戦争を続けていくこと自体に、深刻な、最大の打撃を受けることであった。

そこから、当然のことのようにして、サイパン島奪還の主張が海軍中央から声高に唱えられ始めたのである。そして、その急先鋒に、海軍省教育局課長の神重徳《かみしげのり》大佐が立っていた。

鹿児島県出身、海軍兵学校四八期、海大を優等卒業の果敢な闘将である。当時四四歳。この人はまた、開戦前からの対米強硬派、そして第一次ソロモン海戦で勇壮な殴り込みをかけて大勝した、三川艦隊の名参謀でもあった。

この文武両道の神大佐が、サイパン奪還のための殴り込み作戦を引っ提げて、マリアナ海戦敗退の直後から海軍中央に迫ったのである。たちまちに海軍省と軍令部に多くの共鳴者が現れ、論議で寧日《ねいじつ》なしとなったが、結局は成算皆無ということから案は葬り去られる。

それにしても、あ号作戦の徹底的な敗北は日本海軍を絶望の淵に立たせた。ガダルカナル撤退以来のあらゆる戦訓を取り入れ、営々として再建してきた空母および基地の航空部隊約一五〇〇機をほとんど失い、対米決戦兵力は事実上ゼロ、近代戦での海軍としての戦力を、実質上喪失したのだった。しかも、米軍の次の進攻を迎えるだろうことは確実であり、焦眉《しょうび》の急であった。

連合艦隊参謀長だった草鹿《くさか》龍《りゅう》之介《のすけ》少将（のち中将）が戦後に記した（『連合艦隊』）ように、

栗田健男
出所：NH 63694 courtesy of the Naval History & Heritage Command

「あ号作戦以後の戦いは出たとこ勝負で、敵が攻めかかって来たら、所在の陸海軍の全力を挙げてこれに反撃を加え、全面的に展開している航空部隊をこれに集中し、機会があれば水上艦隊の全力を挙げてこれに投入」して戦うほかはないところにまで追い込まれた。

その水上戦闘部隊（第二艦隊）は栗田健男中将

指揮のもと、敗北のマリアナ海域から蹌踉《そうろう》として日本本土に引き揚げてきていた。大和・武蔵以下の戦艦七、重巡一三、軽巡六、駆逐艦三一隻、堂々たる戦力。暗い戦局の中にそこだけ晴れ間がのぞいたように、巨砲は虚空を睨んで艨艟《もうどう》は健在だった。しかし、日本本土には重油がない。やむなく軍令部総長が命じた。

「水上部隊はリンガ泊地（スマトラ東南岸）に行って、そこで十分に訓練に励んでいてもらいたい。内地には燃料がない。作戦方針はいずれ決定次第、通知する」

主目標を敵空母か輸送船とすべきかで陸海軍の作戦部が真っ向から対立する

栗田艦隊の主力が、来るべき戦闘のために針鼠のように対空火器を積んで、瀬戸内海からリンガ泊地に向けて出港したのが七月八日である。栗田長官をはじめ第二艦隊の将兵は、誰一人として、次の彼らの戦闘が狭い港湾への殴り込みになるなどと、夢想だにしなかった。海軍の存在理由は、われら世界最強艦隊にあり、との固定観念をしっかりと胸に抱いていた。

栗田艦隊がリンガ泊地に無事に着いたのは、七月一六日である。その三日前の一三日、殴り込み戦術の主唱者である神大佐が連合艦隊の作戦参謀に着任している。槍の穂先が真一文字に突進するにも似たこの人のバイタリティで、傾きかけた連合艦隊の作戦を引っ張っていく、機関車の役割が期待されたのであろう。

そして、神参謀の着任を待っていたかのように、七月の暑い盛りの中で、今後の作戦方針の検討が、陸海両作戦部の激論をもって行われた。七月一八日より二〇日まで、共同研究は紆余曲折した。が、米軍の比島上陸のときに〝決戦〟を指導する、それも基地航空部隊によるという結論に、ようやく達した。

陸軍はしかし、この一戦だけに勝敗を賭けて、国力・戦力の一切を投入することに反対であった。最終の決戦は日本本土であるとの底意がある。だが海軍は、そんな悠長なことを言ってはいられない。連合艦隊司令長官豊田副武大将は悲壮な決意を固めた。この一戦に基地空軍のみならず海軍戦力のすべてを投入するのみ、と。なぜなら――豊田長官は言う。

「この一戦に敗れ、フィリピンを奪《と》られ、南方との交通を遮断されれば、内地では艦船用の燃料は一滴も得られなくなる。艦隊を南方に有しているといっても、組織的抗戦は期待すべくもない。連合艦隊は座して敗滅を待つのみである。進んで戦えば、奇蹟的にか、天佑によってか、または敵の錯誤によって勝機を摑みえないとも限らぬ。多少とも成功の算があれば、やはり全滅を期しても進むほかはない」

そこで「作戦指導案」に「明年以後の為の施策は全然考慮しない」という一句の挿入をすら検討した。海軍中央の首脳たちは昭和一九年を持ちこたえることにすら、自信を持ちえなかったのである。

そうした陸海の真意の相違を内にはらみつつも、ともあれ、大本営陸海軍部は開戦以来初めて合同で研究し、七月二一日に次期「作戦指導大綱」を成案とした。

そしてこの大綱に基づく航空作戦の陸海共通の戦策（中央協定）をも同時に決定する。これまた、開戦以来初めての実現と言ってもいい、陸軍機と海軍機による協同作戦の協定である。

そしてこのとき、協定を結ぶに当たって注目すべき問題が生起した。陸海航空兵力の主目標を、敵空母とすべきか、上陸部隊を乗せた輸送船とすべきかをめぐって、陸海の作戦部が真っ向から対立したのだった。

「敵進攻企図を破砕するには、その骨幹である機動部隊の撃滅を図るのが兵術の常道なのである」

と海軍部が論じるのに対し、陸軍部は鋭く反駁した。

「その原則的戦法に一概に反対するものではない。しかし、従来の戦績からみれば、機動部隊との戦闘にわが航空兵力は消耗させられ、いよいよ攻略部隊が眼前に出現したときには、もはやこれを叩く戦力がなくなっていたではないか」

その致命的な好例が、あ号作戦であった。その戦訓がまだ生々しいだけに、陸軍の主張は自然と圧力を高めた。

「いずれの正面に米軍が来攻しようとも、これに痛撃を与える戦機は、その空海の支援態勢の整わぬ時にある。そこを叩く。ひとたび有力な航空基地の進出を許せば、地上の決戦はほとんど困難になる」

「何を言うか。根元を根絶せしめず枝葉を切れば勝てると言うのか」

「然り、従来の戦訓にかんがみ、機動部隊の陽動的な空襲はこれを躱《かわ》して兵力の温存を図り、敵の輸送船団の出現を見るに至ったならば、陸海軍航空兵力をもって殺到、一挙にその覆滅を図るべきである。勝利はこれ以外にはない」

「作戦指導大綱」の裁可とともに強調された水上戦闘部隊の使用

海軍部には、それ相応の実力があれば、敵機動部隊何するものぞの自信も気概もある。しかし、いかに戦力の再建を急いでも、一〇月下旬頃と予想される米軍の比島進攻に間に合いそうもない。

陸軍部はさらに追い討ちをかけた。

「船団を撃滅することによって、米軍の人命を奪い、その戦意を破砕することもできるのである」

海軍部はなお、伝統的戦術とも言うべき敵機動部隊（主力艦隊）に対する攻撃に固執する気持ちを捨てきれない。が、結局は陸軍部の主張を相当以上に了解せざるをえなかったのである。陸海妥協による「中央協定」は、こうして成った。

七月二四日、「作戦指導大綱」は天皇に上奏の上で裁可された。大綱にも明記されている。決戦に際しては「空海陸の戦力を極度に集中し、敵空母及輸送船を所在に求めてこれを必殺す」るのである。

この「作戦指導大綱」と「航空作戦中央協定」に基づいて、海軍中央は関係の各指揮官を集めて七月二四、五の両日、軍令部において図上演習を開催する（ただしリンガ泊地の栗田艦隊は出席せず）。もはやこの頃になると、各種の情報から、米軍の次期作戦は比島に向けるものと信じられるようになっていたが、図演では第一日が硫黄島へ、第二日が沖縄へ来攻するものとして、演習が実施された。

そして注目すべきは、次期決戦が、大綱にもあったように、基地航空兵力をもって敵機動部隊および輸送船団を撃滅しようというものだったが、水上戦闘部隊の使用もまた当然のこととして強調されたことだ。

次の決戦において、水上艦隊をどう使用すべきかは、実に頭の痛い問題であった。戦闘局面が広範囲となり、スピード化した海空戦となった今、足の遅い、攻撃距離の限られた水上艦隊は無用の長物と化していたのである。

そこからさまざまな論議を呼んだ。しかし、豊田大将は断乎、海軍全力を投入する決意という。そこから、一度は消え去っていたはずの、戦艦群をもってする上陸点への殴り込みが、大きな意味を持って浮かび上がってきたのである。

敵機動部隊および輸送船団を撃滅せんとする「捷号作戦要領」が発令される

図演終了の翌日、七月二六日、大本営海軍部は連合艦隊司令長官に指示を発し、次期作戦名を通達する。戦勝を呼び込むための象徴として「決戦を捷号作戦と呼称し」、予期する決戦方面の区分を次のように定めた。

捷一号　比島方面
捷二号　九州南部、南西諸島および台湾方面

捷三号　本州・四国・九州方面および情況により小笠原諸島方面
捷四号　北海道方面

さらに翌二七日、軍令部総長官邸で図演の研究会が開かれ、海軍中央は実に連日にわたっていざ決戦への気構えを強めていった。ところが、この研究会で、大本営および連合艦隊の作戦方針に向けて、第一線の各部隊首脳陣から不満と批判の火が一斉に噴き上がった。

それは、攻撃目標を輸送船団とすることに対するもの、一部は水上艦隊の使用法、殴り込み戦法に対するものであった。

八月四日、反対意見に動かされることなく、連合艦隊は麾下の全部隊に正式に「捷号作戦要領」を発令した。最後の決戦はこの要領に準拠する。だが、それは既定の路線をそのままに堅持するものであった。

原資料は今残ってはいないが、その骨子は、

（イ）第一、第二航空艦隊（基地航空部隊）は比島に集中する。敵が輸送船団を伴わず機動空襲を仕掛けてきた場合は、機略に富む簡単な奇襲をかけるだけで、極力兵力

の損耗を避ける。そして敵上陸時を捉え全力決戦をかける。ただし敵を撃滅しうる戦機を捉えた場合には、敵空母を捕捉撃滅することがある。

（ロ）水上部隊（栗田艦隊）は特命によって出撃する。そして敵上陸二日以内に、航空撃滅戦に策応して敵上陸点に突入する。機動部隊本隊（小沢艦隊）と第二遊撃部隊（志摩《しま》艦隊）はおおむね敵を北方に牽制する。

ということにあった。つまりは、作戦の主体はあくまで基地航空戦力であり、敵機動部隊および輸送船団を撃滅しようというものである（注＝攻撃目標・輸送船団に変化なし）。それ以前に、敵の陽動攻撃に誘き出され、基地航空兵力を潰されては、捷号作戦が水泡に帰す故に、極力温存を図る。

そして敵の上陸時点を狙って全戦力集中の猛攻をかける。水上部隊はそれに策応して上陸地点に突入、輸送船団を撃滅（注＝殴り込み）するのである。そこには頑固なまでの、豊田連合艦隊司令長官の意思が貫き通されている。

豊田副武、大分県出身、海軍兵学校三三期、当時六〇歳。人並み外れた頑固な気骨をもって鳴らす提督である。その人柄に円転滑脱な面は毫《ごう》もなく、悪く言えば傲岸不遜、その面構えぴたりの容赦のない厳格な精神の持ち主。闘志満々、攻撃一本槍。しかし、その風貌姿勢にある積極攻撃性とは裏腹に、保守的な、正攻法な戦術を信条ともしていた。

そして豊田長官の作戦方針の裏には、不屈の信念家・神参謀の影がちらちらしているのは否定できない。

サイパン奪回のために大和・武蔵を投入せよと説いて回った烈々の気迫が、積極戦法が、捷号作戦要領の水上艦隊の使用に浮かび上がっている。国破れてなんの艦隊やある、勝算はソロバンや計測では出てこない。不可能と見える危地に挺身敢闘することで、可能を引き出すことができるのだ。神参謀のこの信念！

確かに奇道ではあった。しかしマリアナ海戦後の、制空権ないところ制海権なしという決定

豊田副武
出所：NH 63365 courtesy of the Naval History & Heritage Command

的な情勢変化にもかかわらず、大艦巨砲の打撃力を信奉し、水上決戦という従来の戦闘様式にすがりつく多くの軍人に「国家の危機に際し、そして連合艦隊の栄光を歴史に残すために、やむをえまい」と納得させる要素を一面において持つものでもあった。

しかし、そのために、連合艦隊司令部が水上部隊使用の要であると決断した「レイテ湾突入」の本意が、なぜか忘れ去られそうになる危険を当初からはらんでいたのである。

敵を必滅するのは一片の命令書ではなく、人間そのものである

こうして最後の決戦の構想は策定されたのである。「作戦要領」が謳い上げるように、あとは各艦隊司令長官が「森厳《しんげん》なる統帥に徹し、必勝不敗の信念を堅持し、指揮官陣頭に立ち、万策を尽してこの一戦に敵の必滅を期する」のみ。

しかし、敵を必滅するのは、一片の命令書ではない。人間そのものだ。万策を練り、戦闘を指揮し、決断を下すのは指揮官その人の人間性なのである。どんなに強大で、精

緻なメカニズムを誇る軍隊があっても、戦うものは人である。そこには人本来の過誤、油断、疲労、迂闊さ、そして不信や不手際がつきまとう。誤りは組織の誤りではなく、すべて人の判断なのだ。転瞬の間に事の決する戦場においては、特に然りであろう。

捷号作戦において水上部隊を指揮するのは、栗田健男（第一遊撃隊主力）、小沢治三郎（空母部隊）、西村《にしむら》祥治《しょうじ》（第一遊撃隊別働隊）、志摩清英《きよひで》（第二遊撃隊）の四人の中将である。彼らは多くの部下を率い、戦術上ほとんど勝算皆無に等しい作戦に、能否を超えて捨て身にならねばならぬことを命令された。

それだけに、作戦を巧妙に実行すべく緊密な連係プレーが重要だった。連合艦隊長官

（上段から）
小沢治三郎
西村祥治
志摩清英
出所：NH 63425, NH 63424, NH 63426 courtesy of the Naval History & Heritage Command

を含め、指揮官相互の、互いの任務に対する正確な認識とともに、深い信頼感がなければならなかった。だが現実は、果たしてどうであったろうか。

たとえば栗田中将である。作戦要領発令時に、他の三人の指揮官は日本内地にあったから、連合艦隊の作戦目的を十分に理解できたであろう。が、栗田中将は遠くリンガ泊地にあった。

そして、栗田中将麾下の第一戦隊司令官宇垣纒中将の日誌『戦藻録《せんそうろく》』にあるように、栗田艦隊は「ただ漫然と努力せよとて人間の本当の力は出せざるよう」な訓練を闇雲に続けながら作戦計画の到着を待ち望むという、疎外された状況下に長く置かれていたのだ。

そこへ八月四日、作戦要領が電命され、相次いで連合艦隊より詳細なる作戦打ち合わせのために参謀が飛来するとの報も届いた。栗田艦隊司令部にとって、それこそは旱天《かんてん》の慈雨に等しかったから、少なくとも連合艦隊参謀長の飛来があるだろうと期待した。しかし、マニラでの会議の席で彼らが見たのは、神参謀の精悍そのものという面構えだけであった。

栗田艦隊に港湾突入を作戦指導し、輸送船団撃滅を命じるのは、殴り込み作戦の首唱者であり、推進者でもある神参謀こそが最適であったかもしれない。参謀長は航空出身、首席参謀は有名な秀才で怜悧すぎるとあっては、反対を予想させる作戦であるから、熱情の作戦参謀の弁舌以上の説得力はない。だが、連合艦隊司令部が栗田司令部に伝えるべきは、勇気の鼓舞や作戦の巧妙さや殴り込みの意義などの建前ではなく、真の作戦目的であり、連合艦隊長官の本音でなければならなかった。「十死一生の作戦」とか「虎穴に入らずんば虎児を得ず」という言辞だけで、どうして実戦部隊指揮官が理解し、納得しえようか。

死に花を咲かせる最終決戦の作戦計画に「例外事項」が紛れ込んでしまう

連合艦隊が考えていた捷号作戦の基本は、繰り返すが、これが最後の決戦ということである。そのためには水上艦隊の消滅を辞さぬものであり、この作戦で敗れれば、連合艦隊がfleet-in-beingでなくなることを覚悟したものであった。

「艦隊保全主義」と訳されるこの言葉の本意は、劣勢になった艦隊は、強力な相手との戦いを避けて少しでも戦力を温存し、そして敵艦隊を牽制し、講和を有利にするような役割を果たすべきだ、という海軍戦略の常道である。

しかし、次の作戦は、その常道を捨てた絶望的な最終戦であることを、連合艦隊は栗田艦隊の骨髄に染み込ませるまで説得させねばならなかった。

だが、熱血漢・神参謀の「鬼神もこれを避く」殴り込み戦法必勝の信念は、およそ率直な吐露とはかけ離れたものとなった。

だから、八月一〇日（と定説ではなっている）のマニラでの会議では、基本認識とははるかに離れた結論へと導き出されていく。

「次の作戦はあくまで基地航空兵力による撃滅戦だが、水上部隊も使用する。栗田艦隊はあらかじめブルネイ湾に前進待機する。そして命令一下出撃し、敵輸送船団を洋上に捉えて撃滅する。もし手遅れになり、敵が既に上陸を開始した場合には、可及的速やかに上陸地点に殴り込み、これを撃滅し進攻意図を粉砕する。つまり、比島を絶対に敵に渡さぬということである。海上部隊の突入は遅くとも上陸開始二日以内とし、航空撃滅戦はその二日前から敢行される」

この神参謀の説明に、栗田艦隊参謀長は驚倒した。大和・武蔵以下艦艇三九隻の虎の子の戦闘部隊を、敵主力撃滅を目標とせず、輸送船を相手に海軍掉尾《ちようび》の戦いをせよという。木っ葉のような輸送船と刺し違えて、全艦艇を潰してもかまわぬという。しかし、不幸全滅するも敵主力に容易ならざる損害を与えてこそ、最終決戦に死に花を咲かせることであり、男子の本懐ではないのか。そのために日本海軍は営々として軍備を整え、作戦を練り、兵員を鍛えてきたのではないのか。

そうした参謀長らの抗議に対して、神参謀は無情にも言い放った。

「比島を奪われては南方資源地帯との連絡を絶たれ、帝国は自滅あるのみです。どんな大艦隊を擁しようが宝の持ち腐れとなる。比島を確保するためのこの一戦に、連合艦隊をすり潰してもあえて悔いはない。これが長官のご決心です」

「よし、よくわかった。連合艦隊司令長官がそれほどの決心をしておられるなら、それ以上言う必要はない」

と参謀長は答えた。だが続けて、

「しかし、突入作戦は簡単にできるものではない。阻止すべく敵艦隊が現れ、輸送船団か敵主力部隊か、二者いずれを選ぶべきやに惑う場合は、輸送船を捨てて、敵主力撃滅に専念するが、それで差し支えないな」

と問い質した。これに対して神参謀は「差し支えありません」と答えた、ということになっている。参謀長の戦後の手記（小柳冨次《こやなぎとみじ》『栗田艦隊』）には確かにそう書かれている。決死の作戦計画に〝例外事項〟が紛れ込んだような感がある。作戦の細部については実施部隊の自由裁量に任すのが日本海軍の通例であったとしても、攻撃目標と攻撃目的とは作戦の根幹に関わる大事である。少なくとも、神参謀が承知したのは、敵主力艦隊も攻撃するという〝精神〟であり、いやしくも計画の変更ではなかった。しかし、参謀長がとっさに理解したのは、海軍伝統の艦隊決戦第一主義の確認を得た、ということだった。例外事項の承認だった。

このギャップを埋めることなく、そのままに出撃し、レイテ沖海戦で栗田艦隊は、なんとも割り切れない、もどかしい行動を取り続けるのである。そして戦いは敗れ、連合艦隊はその姿を水上より没するのである。

「戦意」という戦場における指揮官の第一の資質に欠けるところのあった栗田中将

宇垣中将の『戦藻録』を拾い読みしてみる。

《八月二十二日。

「実際、現艦隊司令部は少し呑気《のんき》なりと言うべし。……帝国の興廃繋《つな》がりてこの一戦にあるに、作戦計画も出来ざれば、懸案事項一として解決するものなし……水上部隊としてほとんど独立の立場において困難なる作戦に従事せざるべからざるに、とかく自主的見識と統制ある実行力に欠くる処なくんば幸なり」》

何一つ解決するものなし、とは栗田司令部は一体何をしていたのだろうか。

《八月三十一日。

「1YB（第一遊撃部隊）の準備は作戦に対し未詳なり。かくして八月も過ぎ去りたり」》

栗田司令部はなおモタモタしている。

《九月十八日。

「午後、捷号作戦計画の説明および打合せあり。GF（連合艦隊）の命令はとも角として、実際水上部隊を指揮し決戦せんとする遊撃部隊司令部に、根本問題につき明答を与うるだけの腹無きはそれ如何」》

この最後に記されている〝根本問題〟とは何であろうか。輸送船団か敵主力艦隊か、攻撃目標をしっかり腹をくくって決定せよ、と宇垣司令官が言外に司令長官栗田中将に迫っていることに間違いはないだろう。

かつて連合艦隊参謀長として山本五十六に仕えた宇垣中将は、骨の髄までの大艦巨砲による艦隊決戦主義者であった。だが一方で、与えられた作戦任務の意味を的確に理解し、それに挺身できる剛将でもあった。

一〇月二五日、レイテ沖海戦二日目のサマール島沖の戦闘海面で、阻止せんとする敵機動部隊を撃破し（事実は上陸部隊護衛の軽空母群ではあったが）、栗田艦隊は一丸となってレイテ湾へ向かった。だが、突入直前に栗田中将が全軍に「反転、北上」を命じたとき、

同じ大和艦橋の一隅に立っていた宇垣中将は、刺すような視線を栗田中将に送り、一言、
「何だ、レイテ湾に行かないのか」
と言い放った。その胸中にあるのは〈やっぱりそうか〉の想いであったのだろうか。それは、ついに「根本問題につき明答を与うるだけの腹無き」ままに栗田司令部は出撃してきたのかとする、絶望的な想いでもあったにちがいない。

その総指揮官の栗田健男、茨城県出身、海軍兵学校三八期、当時五五歳。海軍生活三四年のうち陸上勤務は約九年間だけ。専門は水雷、ひたすら駆逐艦・巡洋艦乗りで終始した根っからの〝船乗り〟提督である。武骨な、不言実行を信条とした潮臭い荒武者の評が高いが、開戦以来その戦闘指揮ぶりには、なぜか優柔不断の陰翳《いんえい》がまといついていた。

戦場における指揮官の資質は、まず第一に戦意、第二に冷静な判断力、第三に決断力、第四に戦術指揮能力が要求されるという。その第一の戦意の稀薄が栗田中将には目立つのである。〝船乗り〟らしく艦を愛し、艦の喪失を恐れすぎるのである。艦隊保全主義を信条とする。

緒戦のバタビア沖海戦がそうであった。豪気に一歩踏み込もうとしない。

特に昭和一七年六月のミッドウェー海戦では、その消極的な動きが全軍の憤激を買った。栗田少将（当時）指揮の重巡戦隊は、赤城など三空母炎上の敗色濃厚の際、ミッドウェー島砲撃を命じられた。しかし、このとき少将は、

「ぐずぐずしていると夜が明ける。敵航空機の攻撃を受けるから砲撃は一航過だけ行い、全速力で避退する」

と命じたという。陸兵を満載した攻略部隊が敵攻撃圏内にいるし、その時点では空母飛龍《ひりゅう》はまだ健在だった。敗勢を挽回するためには、ミッドウェー空軍基地だけでも徹底的に破壊しておかなければならなかった。

にもかかわらず、栗田戦隊司令部が座乗していた重巡《じゅうじゅん》熊野の艦長の眼にも、「栗田少将はとにかく避敵の傾向が強かった」と映じるほど、戦意の乏しさを示したのである。

結果的には飛龍も炎上し、砲撃命令は取り消された。全作戦中止の連合艦隊命令が下った後の、栗田少将のひたすらな避敵ぶりはあまりにも有名であろう。ほとんど一昼夜、連合艦隊の指示に従うことなく、沈黙を守ったまま、ひたすら西北方へと遁走《とんそう》を続けた

のである。

主将たちは相互不信を抱きながら連合艦隊消滅を覚悟する決戦に臨んだ

そうしたとかくの評のある提督を登用し、最後の決戦における水上部隊の指揮を任せた日本海軍の人事とは、一体どういうものであったのだろう。単に軍令承行令による年功順か。

海上生活の連続で昇進が遅れ、最古参の戦隊司令官となり、慣例では次は予備役と、栗田提督自身がそう考えていた。その人を戦勢いよいよ急のときに第二艦隊（戦艦・重巡部隊）司令長官に任命したのは、時の海相嶋田繁太郎大将だったという。なにやら派閥的な匂いがしないでもない。とすると、レイテ沖海戦敗退の真因は、そうした人事を許した日本海軍の、眼力のなさにあったとも言える。

そして、その栗田中将の戦闘指揮の消極さを、過去においてたっぷり味わわされていたのが、あ号作戦における小沢治三郎中将だった。航空戦に敗れた小沢中将が、最後の手として第二艦隊に命じた夜戦に対し、栗田部隊はきわめて消極的だったのだ。

のちに、小沢中将は痛烈きわまる皮肉を放ったという。

「もし自分が連合艦隊司令長官として現場に来ていたのであったとすれば、二〇日夜、全部隊を率いて徹底的に夜戦をやったであろう」

消極的でありすぎる栗田中将に対する不満であるとともに、それは決戦の陣頭に立たぬ連合艦隊長官豊田大将に対する激越な批判でもあった。

小沢治三郎、宮崎県出身、海軍兵学校三七期、当時五八歳。水雷出身ながら航空戦略に早くから着眼、機動部隊編成を具申し、近代海戦の基本を構想した。豪放な外見とは別に慎重であり、戦略眼・戦術眼共に独創的であり、積極的であった。

意思決定に幕僚の補佐を必要としない稀な提督だったが、それだけに自分の戦略戦術に対しては強固な自信を持ち、不屈、剛直すぎる一面を持っていた。そして、この小沢中将の剛直さが、やがて捷号作戦をめぐって後に触れるように、豊田大将の頑固さと正面衝突をするのである。

こうして捷号作戦策定までの過程を検討し、その作戦を指揮する主将たちの人間像を素描しながら協同作戦をすべきコンビネーションに思いを至すとき、なんとも暗憺《あんたん》たる想いにとらわれざるをえないではないか。

敗れれば連合艦隊消滅を覚悟したほどの決戦、しかも作戦実行上に、また精神的にも、緊密な連係なくしては万に一つの成功を期しえぬ流動的な水上の決戦に、主将たちは互いに〝不信〟と〝不満〟と〝不転〟を抱いて臨んだ、としか思えぬ。

豊田大将と小沢中将は明らかに「栗田不信」を胸裡《きょうり》に秘めている。豊田大将と小沢中将の対立も、実はそこに根ざしていた。

あ号作戦で錬成した空母航空隊を喪失した小沢部隊には、捷号作戦においてとりあえず、「北方に牽制」という副次的な任務を、豊田大将は与えた。空母部隊にはそれほどの期待はできぬが、全水上艦隊出撃の最後の決戦に、空しく温存することなど闘将豊田には考えられぬことであったからだ。だから牽制出撃を令した。

だが、豊田大将の真意は、一日も早く空母航空部隊を錬成し、いざ決戦には、小沢中将に敵上陸地点殴り込みの指揮を執ってもらう腹であった。

豊田大将は、己れの企図する「連合艦隊をすり潰しても比島を保持する」という悲壮なる大戦略を、責任を持って遂行できるのは、その軍歴や戦歴からも海軍随一の戦術家で、積極的に前に出る小沢中将しかいないと思っていた。一日も早く実力ある空母部隊を編成し、その彼をリンガ泊地に送り込みたいのである。

連合艦隊と栗田部隊との作戦打ち合わせがマニラで八月一〇日にたった一回、の意味もそこにあろう。栗田司令部には、その日に備えて港湾突入の猛訓練に励むことだけをもっぱら期待した。真の指揮はいずれ小沢が執るであろう。栗田司令部の「せめて参謀長派遣を」のすがるような要請を無視して、作戦参謀神大佐をしか送らなかったわけも、そこに窺うことができる。

だが、当の小沢中将は、あ号作戦以来、豊田大将の陣頭に立たぬ作戦指導に、大いなる不満を持っていた。次の決戦が真に〝最後〟なら、連合艦隊司令長官が先頭に立って指揮すべきだ。そこから、九月中旬から下旬にかけて、豊田・小沢の両主将の間で激論が闘わされることとなった。小沢中将が頑としてリンガ泊地進出を拒否したからだ。

真に消滅を覚悟の決戦なら、基地航空部隊とともに空母部隊が中核にならねばならぬ、今、最も要請されるのは、空母から発着艦のできる搭乗員の養成だ。そのためには、設備の整った内地にいて訓練効率を上げるべきで、リンガ泊地あたりへ行っては駄目だ、と小沢中将は確信していた。あ号作戦直前の一カ月間、タウイタウイ泊地に進出したばかりに、訓練もままならなかったという苦い戦訓を小沢中将は踏まえている。

業を煮やした豊田大将は、軍令部に働きかけた。

「豊田大将は次期作戦には自ら戦場に出ることを望んでいる。そこで次席指揮官の小沢中将が最前線に出ることを求めている」

いわば天皇の命令によって、小沢中将を動かそうとしたのである。

台湾沖での航空撃滅戦の戦果報告に躍動する豊田大将

だが、そんな大激論を中央でやっているうちに、戦況のほうが猛烈なスピードで動いてしまった。

九月中旬、ハルゼイ大将指揮の米大機動部隊の空襲で、比島中南部に展開していた決戦主力の基地航空部隊が大打撃を受ける。九月下旬のルソン島空襲でその上を叩かれ、基地航空部隊二つの主力の一である第一航空艦隊は、戦力を完全に失った。輸送船団を伴わない敵機動部隊の攻撃には、基地航空兵力は攻撃をひかえ、温存せよという作戦方針が裏目に出たのである。

敵機動部隊の攻撃をまず躱《かわ》し、戦機を捉えて集中攻撃するという手前本位な捷号作戦計画は、圧倒的で、素早い機動が自在の大空襲作戦を前に、あまりにも無力だった。次々と奇襲されて第一線航空戦力が飛び立てぬまま消耗させられた。

じり貧は我慢がならない。基地に秘匿して叩き潰されるよりも、好機と見て徹底的に攻撃したほうが作戦的に有利ではないか、とする攻撃精神が基地航空部隊に台頭し始めた。そのときに、ハルゼイ機動部隊が沖縄、そして台湾を襲ったのである。

一〇月一二日より一五日までの四日間、〃ハルゼイ台風〃に対して連合艦隊は「捷号作戦発動」を令し、ついに基地航空部隊全力による航空撃滅戦を敢行してしまった。敵は輸送船団を伴わぬ機動部隊であったが、容赦はならぬ。全航空部隊は眦《まなじり》を決したのである。温存も輸送船団もへちまもない。台湾沖で熾烈な戦闘が展開され、陸軍航空部隊も魚雷を抱いて出撃した。

大戦果が報告された。最終的に「空母一九隻、戦艦四隻など撃沈破四五隻」となった戦勝だ。折から前線基地の視察と激励をかねて、豊田大将は台湾の航空基地にあった。米軍機の乱舞する下にあって、はらわたを煮えくり返らせていた豊田大将が、重なる戦果報告に躍動した。大将の剛直さが全軍に大号令を発せしめた。

「豊田大将が風呂上がりで、石鹸の匂いをプンプンさせながら、浴衣がけと草履ばきで作戦室に入ってきた。しばらく作戦図を見ていたが、やがて『追撃だ、追撃！』と独り言のように口走った……」

当時の基地航空部隊参謀だった人の証言である。

この連合艦隊長官の「追撃命令」が、水上部隊レイテ湾突入の指揮権をめぐっての豊田・小沢論争に、一挙に決着をつけた。連合艦隊が、小沢中将麾下の、猛訓練を重ねることでようやく空母航空兵力たらんとしている航空戦隊に対しても、出動を命じたからである。

だが、これを出して基地航空部隊の指揮下に入れ突撃させれば、今度こそ日本の機動部隊は完全に無戦力となる。小沢部隊の作戦参謀は、思わず秘密電話に怒声を放り込んだのである。

「小沢長官は、比島に対する次の敵の本格的上陸作戦が始まったとき、空母部隊の出撃を連合艦隊が断念しているのか、確かめよと言っている。さもなくば、せっかく母艦発着訓練までやった航空隊を、基地作戦で潰したくはない、という強い意向だ」

受話器の向こうから甲高い神参謀の鹿児島弁が響く。

「敵機動部隊を叩く好機は、戦果が大いに上がっている今なのだ。この戦機に全力を集中するのが、連合艦隊の方針である。もちろん、次の作戦には、母艦部隊を使用する考えはない！」

こうして小沢中将が丹精を込めて錬磨した母艦飛行機隊は、内地の各基地から沖縄へ向けて飛び立った。そして、この瞬間、小沢中将をリンガ泊地に行かせ、殴り込み作戦を指揮させる口実を豊田大将は失ってしまったのである。

「大戦果」はすべて誤報だったがレイテ島進攻作戦は開始された

台湾沖の航空撃滅戦の戦果はすべて誤報であった。冷静になって検討した軍令部と連合艦隊は、空母四隻程度の撃沈と心細く判断した。その直後の一〇月一七日、スルアン島上陸を皮切りとする米軍のレイテ島進攻の本格的大作戦が開始されたのである。なんと不運なことであることか。

米艦載機一四〇〇に対して、日本軍は陸海軍機を合わせて決戦当日の実働機は二一二にすぎない。後詰めを加えてあと九〇機余が精いっぱいである。ハルゼイ大将の一連の空襲と、台湾沖航空撃滅戦とによる日本軍の損失は、合計七〇〇機以上に上っていた。

これでは、敵の比島上陸を迎え撃ち、基地航空全兵力による機動部隊および輸送船団撃滅、という捷号作戦の基本戦略は一片の紙きれとなる。「作戦要領」の実行は不可能である。といって、改めて作戦方針の策定などしている余裕はない。

残された主要な戦力は、栗田中将指揮の水上部隊のみである。よし、その殴り込みによる上陸地点突入だ、これに万事を託そう――。

だが当然のことに、制空権のないところに水上部隊を進撃させることは無謀である、との声が陸海から出た。特に陸軍中央は、水上部隊の空しい出撃に猛反対した。このときに闘わされた陸海軍中央での論議は、実に興味深い。

「連合艦隊は何をしているのか、という一般の声に応じて出撃するのではないのか」

「決してそうではない。今度は海軍としても確算があるので出撃する」

「いや、確算はないだろう。戦争終了まで連合艦隊が厳存するほうがいいのではないか」

「全勝か全滅かである。温存してもイタリア艦隊の轍《てつ》を踏むだけだ」

「作戦要領」を策定したときに既に全滅か全勝かを賭したのである。その後に重大な状況変化が現れて、航空戦力のほとんどを消失し、作戦計画は崩壊し去ったが、今さらそれが何だというのか。水上部隊を出撃させ、捷一号作戦を規定方針どおり実施するという海軍中央の烈々たる意志である。今さら計画の全面的見直しなど必要とはしない。

もはや、水上部隊指揮官に人を得ていないのではないか、などという懸念は吹き飛んだ。大和・武蔵をまっしぐらに上陸点目指して殴り込ませる。艦隊特攻である。殴り込み作戦が今や海軍中央を激震させ、作戦当事者は自らを騙し、作戦指導は狂いに狂っていった。

小沢司令部の作戦室に、再び神参謀の確信のある鹿児島弁が躍り込んできた。

「小沢部隊も直ちに出動、栗田部隊のレイテ湾突入に策応して、作戦計画どおり敵機動部隊を北方に牽制してもらいたい」

小沢司令部の参謀の怒髪は天を突いた。

「戦力のほとんどない空母部隊に北方に牽制もないもんだ。ハダカで何ができるというのか。それにカラの空母は出さぬという約束だったではないか」

神参謀の返事は冷たく、無情に響いた。

「新情勢に応ずるため全力を尽くす必要があるのだ。小沢部隊にはオトリになってもらう」

これを耳にした参謀は啞然《あぜん》とした。が、小沢中将は、何もかも見通していたかのように、参謀の報告にも動じなかった。

「それが必要というなら、やろうじゃないか」

マッカーサー元帥はレイテ島に上陸し、豊田大将は「捷一号作戦」発動の命令を公布した

昭和一九年一〇月二〇日、午前一〇時、マッカーサー元帥指揮の陸軍部隊一〇万が、ついにレイテ島に上陸を開始した。ハルゼイ大将指揮の高速機動部隊がこれを支援。一七年三月一六日に比島から脱出したマッカーサー元帥が、三日後の正式儀式を待てず、強引にレイテ島タクロバンに上陸、「私は帰って来た」の放送を行ったのは、この日の午後二時のことであった。

豊田大将はほとんど時を同じくして、「捷一号作戦」発動の正式命令を公布した。ブルネイに進出していた栗田中将が受け取った命令はこうである。

「二五日黎明時タクロバン方面に突入、まず所在海上兵力を撃滅、ついで攻略部隊を殲滅すべし」

この連合艦隊命令には、またしても、真の決意から見れば一歩後退しているように思える節がある。「所在海上兵力」が、ハルゼイの主力機動部隊ではなく、船団の直衛に当たっている艦隊であることは、作戦構想から考えて自明の理なのだが、マニラ会議での神参謀の発言といい、「所在海上兵力撃滅」といい、作戦目的の徹底を欠いた船団優先思想の薄らぎと考えられなくもない。

栗田中将は、二二日の出撃に際して訓示した。

「敵主力撃滅の好機あれば乾坤一擲の決戦を断行する所信である」

いったい、輸送船団撃滅の方針はどこへ行ったのか。

史上最大の、おそらくは世界史最後の艦隊決戦の幕は切って落とされた。日本全土の約一・四倍の広大な海域に、日米両軍は総力を投入した。米軍は高速空母一七隻を主力に水上艦艇一七二隻、上陸用艦船を含めれば九〇〇隻に近かった。連合艦隊の水上艦艇は七七隻。飛行機は一四〇〇機対三〇〇機、米軍が五倍に近い強力さを誇っている。

一〇月二三日早暁、栗田艦隊は重巡三隻を米潜水艦の急襲によって失ったが、そのまま東進を続け、翌二四日にはミンドロ島南端をかすめ、シブヤン海に入った。

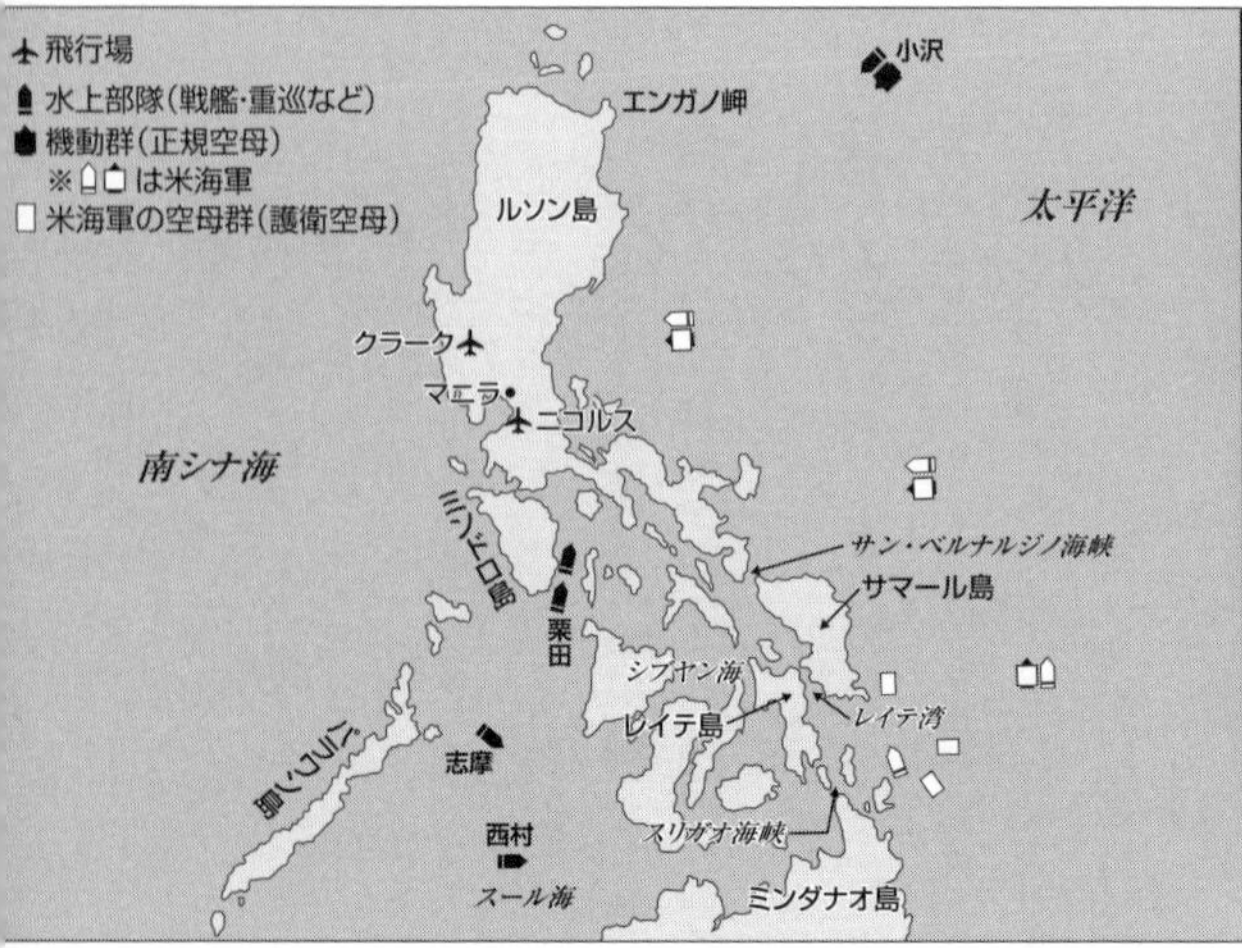

10月24日10時前後の日米艦隊の概況

日本本土から出撃、ひたすら南下を続けた小沢艦隊もルソン島北端のエンガノ岬沖に姿を見せた。栗田艦隊別働隊の西村艦隊は、スール海からスリガオ海峡へ向かった。その後ろを志摩艦隊が猛然と追っている。

四つの日本艦隊の出撃を迎え、ハダカの日本艦隊がまさか出ては来ないだろうと信じていたハルゼイ大将は、満面に笑みを浮かべ、その〝殲滅〟を全軍に命令した。

海戦第一日の一〇月二四日、夜明けとともに索敵機を広く西方海域に放ち、栗田艦隊をシブヤン海に発見の報が届くと、直ちに攻撃機に発進を命じる。

午前一〇時過ぎから午後三時頃まで、六次にわ

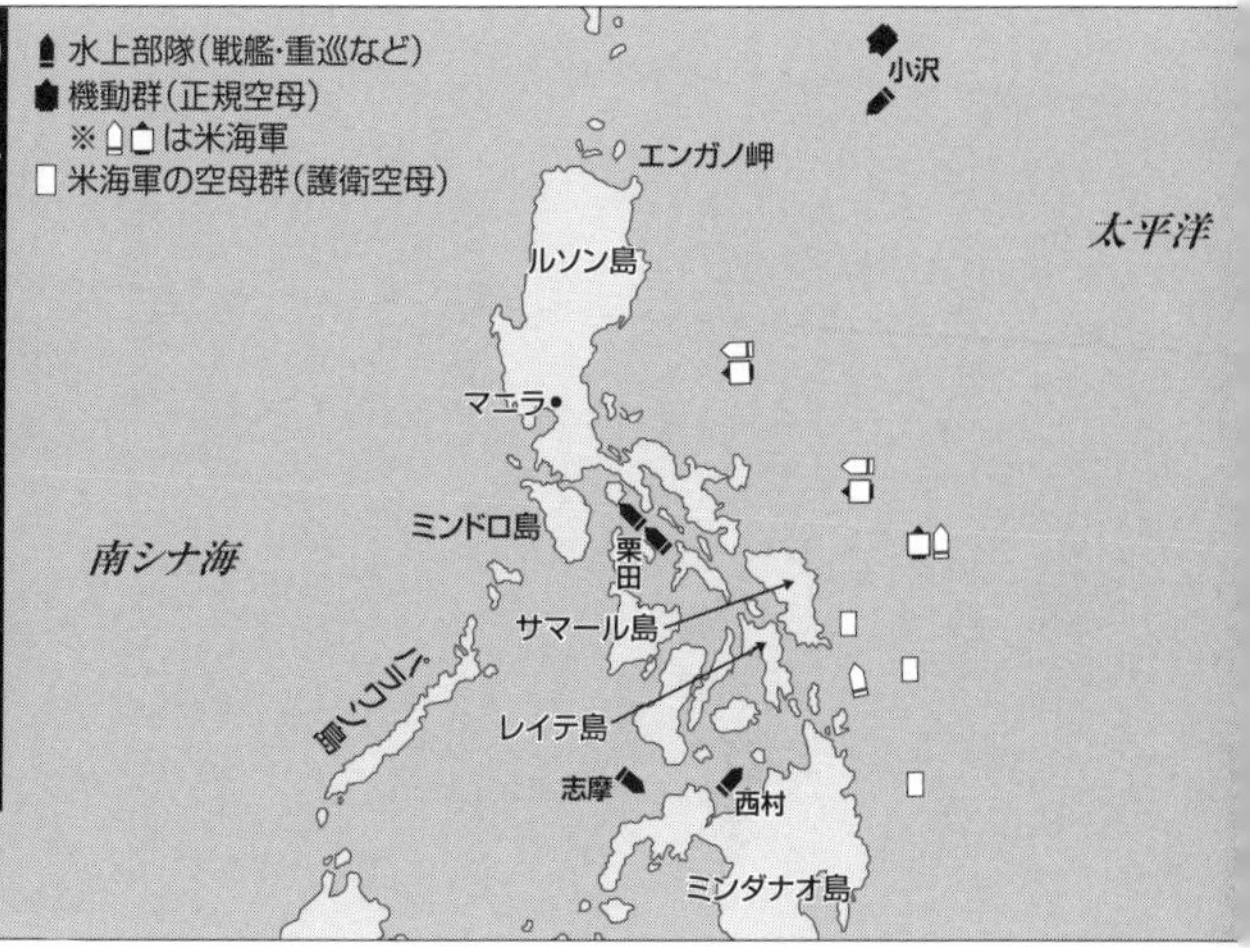

10月24日16時前後の日米艦隊の概況

たって約三五〇機の攻撃を受け、主目標となった戦艦武蔵は魚雷一九本、爆弾一七発を受け、隊列より遅れて海上を這《は》う巨大な鉄の固まりと化した。しかし、栗田艦隊はなお東進を続けていた。

〝猛牛《ブル》〟と渾名《あだな》されるハルゼイ大将は苛立ってきた。あらん限りの猛攻を加えたにもかかわらず、栗田艦隊は屈しない。そして、指揮下の機動部隊は再三の日本機の空襲にさらされ、空母プリンストン沈没。しかも、最後の一隊は明らかに艦載機によるものと判断された。日本の空母部隊が北方海面に進撃してきているのだ。が、未発見だ。状況は混乱しはじめた。

ところがこのとき（午後三時過ぎ）、突然のようにシブヤン海の栗田中将が麾下の部隊に対して反転して西へ向かうことを命じたのである。「無理に突入するも徒《いたず》らに好餌《こうじ》となり、成果期し難し」――それ故に戦場から離脱しようというのだった。

ハルゼイ大将は、この敵情報告を受けて喜んだ。偵察機の報告は「栗田艦隊は退却中なり」と結論づけている。ほとんど同時に、北の海面を飛んでいた索敵機より、日本の機動部隊発見の待ちに待った報告が届けられたのである。一挙に難問は解決した。

栗田艦隊を完膚なきまでに撃破したと信じたハルゼイ艦隊は、南下してきた小沢オトリ艦隊を目標に、ひたすら北への驀進を開始した。

「天佑を確信し全軍突撃せよ」の連合艦隊に訪れた戦局を一挙に転換しうるかに見える一瞬

栗田艦隊退却の報に驚いたのはハルゼイばかりではない。これではフィリピンを死処と覚悟した苦心の作戦が水泡に帰すと、連合艦隊司令部は愕然、そして激昂した。万巳《ばんや》むをえず、豊田大将は眼をつむる思いで電報を全艦隊に送った。

「天佑を確信し全軍突撃せよ」

沈みゆく武蔵を漆黒の海に残し、栗田艦隊は再び東進を開始する。目指すはレイテ湾。彼らの向かうサンベルナルジノ海峡から太平洋への道は、いつか空になっていた。ハルゼイ艦隊が小沢艦隊との空母対空母の最終の決戦を意図し、速力二五ノットで、猛牛暴走《ブルラン》を続けているのだった。連合艦隊が最後の手段と意図した「奇道」の作戦が図に当たり始めている。

明くる海戦二日目の二五日午前三時半、スリガオ海峡に向かった別働隊の西村艦隊七隻がレイテ湾に突入、壊滅した。速力の遅く魚雷に弱い旧式戦艦二を主力とする西村艦隊は、北から突入の栗田艦隊と呼応して、南からレイテ湾内の敵輸送船団に挟み撃ちをかける任務が与えられていたのである。

指揮官西村祥治、秋田県出身、海軍兵学校三九期、当時五五歳。栗田中将と同じように任官以来一度も赤レンガ（陸上）勤めをしたことがなく、駆逐艦、巡洋艦、戦艦の各艦長と、艦から艦へと歩き回っていた純然たる海上武人であった。真面目で、謙虚で、正義感に溢れた人だったが、事に臨んでは闘志の固まりとなった。

「生きようとか死のうとか考えていては、戦《いく》さはできぬ。どうあっても任務を達成しようという、その責任感で戦さをするのだ」

というのが西村中将の持論であった。

その持論どおりに、「全軍突撃せよ」の命のもと、主隊の栗田艦隊がシブヤン海で退却しようとも、われは任務を果たすのみと、西村艦隊は、十数倍のキンケイド中将指揮の上陸直援艦隊の包囲の中に、まっしぐらに躍り込んだ。そして悲劇の戦闘の幕を閉じたのである。

続く志摩艦隊もスリガオ海峡に突入したが、西村艦隊の全滅を見ると追撃を断念、わずかな魚雷戦ののち戦場を離脱していった。

こうした悲劇の戦闘をよそに、栗田艦隊はなんの抵抗を受けることもなく、サンベルナルジノ海峡を出ると、比島東方海面に雄姿を現した。この日、日の出は午前六時二七分。スコールの中で輪型陣を組みながら、二〇ノットでレイテ湾を目指して進撃を開始した。

突然、大和の前檣《ぜんしょう》の見張りが叫んだ。

「マスト四、左六〇度、三万二〇〇〇……」

同時刻、米飛行艇も「敵艦隊発見」を報じた。「敵か味方か確認せよ」の問いに、パイロットは声をひきつらせて答えた。

「敵と確認。日本戦艦特有のパゴダ・マストがある」

勝負は転瞬の間である。大和の四六センチ巨砲九門が間髪を置かず撃ち込まれた。戦艦群が直ちにこれに続いた。

八時三分、栗田中将はさらに「全軍突撃せよ」を下令する。既に直衛の米空母二隻が炎を噴き上げ、駆逐艦二隻が沈もうとしていた。満を持していた栗田艦隊の巡洋艦群と水雷戦隊は勇壮な追撃戦に移った。

こうしてサマール沖の栗田艦隊が勝利の喜びに震えているとき、北のエンガノ岬では、凄惨な敗北の戦いが始まろうとしていた。針路三〇度で北へ北へと、小沢艦隊はハルゼイ機動部隊を可能な限り釣り上げるのである。二四ノット全速だった。八時一七分、第一波の一八〇機の米軍機が襲いかかってきた。オトリ作戦は見事に敵の判断を誤らせ、太平洋の戦局を一挙に転換しうるかに見える一瞬が、連合艦隊に訪れていた。

「馬鹿野郎ッ、敵はすぐそこにいるんだ」

「ヘイッ、ジャップが、逃げて行くぞ！」


栗田艦隊来るの報に、ハワイにあった米太平洋艦隊司令長官ニミッツ大将は仰天し、ハルゼイに一通の電報を打ち込んだ。

「第三四任務部隊はいずこにありや、全世界が知りたがっている」

小沢艦隊を追っていたハルゼイ大将は怒り狂った。水上戦闘部隊（第三四任務部隊）は、栗田艦隊がシブヤン海で大打撃を受けて退却したため、サンベルナルジノ海峡付近で編成されることもなくなり、ハルゼイの指揮下にあって、今、小沢艦隊を追撃中なのだ。満身創痍の栗田艦隊が相手だから、キンケイド上陸直援艦隊で十分であろう、とハルゼイは決め込んでいた。致命的な誤判断である。そのキンケイド中将が、

「わが方の弾薬乏欠す。至急救援頼む」

と悲鳴電を矢継ぎ早に送ってきていた。事態は米軍にとって最悪となった。レイテ湾

内にある四〇〇隻の輸送船は緊急退避、支援艦艇は全力を挙げて湾外に陣を布いた。儀式を終えて巡洋艦上に戻っていたマッカーサーは血も凍る思いで、唇を強く噛んでいた。

栗田艦隊の追撃戦は自然とレイテ湾口に向かう形となっている。突入の目的地は指呼の間に迫った。あと四〇分。不幸だったのは、遅い速力と魚雷回避などで栗田中将座乗の大和が、後方に取り残されていたことだ。先行する味方の情報を摑み切れなかった栗田中将は、九時一分、全軍に思いもかけぬ命令を発した。

「集まれ、集まれ、われの位置は……」

と、集合地点ははるかに北方の海面を指示した。突撃してきた各隊がこれでは振出しに戻ることになる。最前衛を疾駆《しっく》する駆逐艦長たちは怒鳴った。

「馬鹿野郎ッ、敵はすぐそこにいるんだ」

しかし命令は絶対だった。各艦はやむなく反転してレイテ湾に背を向けた。針度は零度、直北である。

湾内の米兵が喜びの叫びを上げた。

「ヘイッ、ジャップが、逃げて行くぞ！」

こうして勝利は、永遠に去っていく……。

混乱した海面で輪型陣を組むのに無駄な時間を費やした後、午前一一時二〇分、栗田艦隊はもう一度レイテ湾に向かって二二ノットで進撃を再開する。湾口まで四時間あまりだが、一二時三六分、一時間の航進の後に、栗田艦隊は再びくるりと北に反転する。

敵機動部隊が北方至近の距離にあることを知らせる発信者不明の電報を受け、これを撃滅するために、である。陣容不明、針路、速力すべて不明の動き回る敵艦隊を求め、動かざるレイテ湾に栗田艦隊は三度目の背を向けた。この頃、小沢オトリ艦隊の死闘はなお続けられていたのだが……。

それにしても、軍にあっては、命令は絶対である。栗田艦隊はレイテ湾内の上陸部隊を殲滅するため出撃してきたのだが、今、それを無視しようとするのか。反転を正当化する理由は？　それは、確かにあった。八月一〇日のマニラでの了承例外事項だった。二者択一を迫られた場合は、敵機動部隊を撃滅するという……。

栗田中将は電報にて報告した。

「(レイテ湾への) 突入は徒らに敵の好餌たるの虞《おそれ》なしとせず……敵機動部隊を求めて反

転北上するを爾後の作戦上有利と認め……」

爾後の作戦など考えていないのが連合艦隊の命令であったのに。そしてまたしても「敵の好餌」の文字！

人間は「戦いの最終裁決者」であり作戦の成否は「指揮官」そのものにあり、協同にあった

前後して四日間にわたって戦われた海戦の結果は、既に記したように、戦艦三、空母四、重巡六、軽巡四、駆巡艦一一が沈没し、連合艦隊は組織的な戦闘力を失って事実上壊滅した。米軍に与えた損害は、飛行機による攻撃ならびに神風特攻の突入による戦果を加えても、空母三、駆逐艦三を撃沈したにとどまる。〝大日本帝国〟の最終章を飾る雄大な葬送賦《そうそうふ》であった。

戦後長い間、小沢艦隊の旗艦の送信機が故障していたことが、栗田艦隊反転の原因とされてきた。しかし、その通説は間違っている。小沢中将が発した七本の緊急電報のう

ち、少なくとも三本を大和の通信室は受信している。そして事実、栗田中将がその電報を見ていた。それは二五日も夕刻、艦隊が戦場を去ってサンベルナルジノ海峡に入ろうとするときであったという。

栗田中将は述懐する。

「このとき、せっかくの小沢部隊の奮戦であるけど、今となってはもう時機遅れだと思った」

評すべき言葉もない。そしてただ一本の、発信者不明の電報によって、栗田中将は幻影を現実と錯誤したのであろうか。

その根底には、栗田司令部が小沢部隊のオトリ作戦などにほとんど信を置いていなかった、という事情がある。堂々たる航空戦力を持ったあ号作戦ですらあの惨敗であった。まして、戦力のない小沢部隊に何ができるというのか。そこに栗田司令部の、小沢司令部からの通信に対し慎重な注意を払わなかった理由がある。

だが、小沢部隊はオトリの任務を忠実に果たそうと、捨て身の南下を続けてきたのである。その小沢中将にして、己れが果敢であるだけに、なお「栗田不信」の思いは拭い取れなかった。

シブヤン海で武蔵を失った栗田部隊は、一時西方へ退却した。そして、数時間後にまた反転して東進、レイテ湾を目指すのだが、敵に探知されるのを恐れてか、栗田中将はできる限り隠密行動とした。それを知らぬ小沢中将は、栗田部隊の西進を任務遂行断念と受け取った。そこで、その日の夜半に南下を中止し、前進部隊と一つにまとまって急ぎ北上を小沢中将は決意する。

それが結果的には功を奏し、ハルゼイ機動部隊は遠く北方に釣り上げられて、栗田部隊の中央突破を許すのだが、踏み込みすぎたために、海戦二日目、白昼の海面で小沢部隊は完膚なきまでに叩かれるのである。

しかし、このとき、小沢中将はオトリ作戦成功の状況を詳しく報告していない。小沢部隊が発した七本の電報は、すべて簡潔そのもの。必要最小限の報告ばかりだった。ハルゼイ機動部隊の全兵力の攻撃を受けていることを詳細に知らせたものはない。栗田の退却で捷一号作戦は崩壊したと判断していたから、としか思えない。協同作戦のすべてがチグハグだったのである。

連合艦隊もまた、「栗田不信」の色を隠さずに表明している。栗田部隊の、シブヤン海での「一時西方へ避退」電に、「全軍突撃せよ」と、豊田大将は不退転の決意を示した。しかも、電令を発信した後に、栗田部隊からの報告電「引き返す（再びレイテに向かうの意）」が入った。「突撃せよ」と命じられているのに「引き返す」とは何事であるかと誤断し、参謀長名による嚙んでふくめるような「断乎として任務遂行」督促電を打つのである。レイテ湾に急行しつつある栗田司令部の闘志にこれがどう直撃したか、想像に難くない。

繰り返すが、どんな時代でも、「人間は依然として戦いの最終的な裁決者である」（『歴史的決断（第一部）』「（ボールドウィンによる）はしがき」）という。戦いをするのは人である。一人の人間の意思と信念と、勇気と決意によって、戦闘の方向は変わるのである。しかも、その協同がうまく作用すれば、力は三倍にも五倍にもなり、歴史の流れをすら変える。レイテ沖海戦でもそうであった。作戦の成否は「指揮官」そのものにあり、協同にあったのである。

戦いが壮大なだけに、その破綻は無残だった。作戦計画が酷薄であり、奇道なために、指揮官相互の亀裂は、より大きな敗因を生んだのである。

米内海相に「不適当なりや」と尋ねた天皇が、もしこの事実を耳にしたら、何と思ったことだろうか。

編集部より刊行によせて

　二〇一四年の秋のことだったと思う。半藤一利・末利子ご夫妻と世田谷・池ノ上の居酒屋で談笑していた私に、一利先生は急に話を切り出した。手にしたＡ４の茶封筒は、新聞・雑誌などに載った単行本未収録の読物・コラムのコピーや切抜きで膨らんでいる。

「本にしたければ、検討してもいいぞ」とのお話だった。

　中身は、①ご自身の若き日や編集者時代の体験などをつづったもの、②『万葉集』に関する連載読みもの、③海軍提督を中心とする雑誌連載、の三種類であった。当時、ＰＨＰ文庫の編集長だった私は、さっと目を通しただけで、「大変面白そうです。全部やらせてください」と即答した。

　すると一利先生は、やや呆れがちに、苦笑交じりで返す。

「おまえ、また調子のいいこと言いやがって。若いころ書き散らかしたもので、こっちはずっと迷っていたんだ。恥になるから、やっぱりやめようかな」

「せっかくお書きになった文章も、書籍化されなければ広く読者の目に触れません。そんなのもったいないですよ」

　私は食い下がった。お互い酒が入っていたこともあり、最後は茶封筒を奪い合って、「放せ、やっぱりやめる！」「いやです、じっくり読ませてください！」と押し問答になった。結局、一利先生が折れて私に託してくださったのである。

その後、①は、『「昭和史」を歩きながら考える』（PHP文庫、二〇一五年三月）、②は、『万葉集と日本の夜明け』（PHP文庫、二〇一六年九月）として刊行することができた。ところが二冊目刊行直後に私が編集部門から異動になり、一利先生もお忙しくなって、③は私がお預かりしたまま時が流れてしまった。

二〇二一年一月、半藤一利先生は逝去された。翌年四月、私は編集部門に戻り、六月に有楽町・東京會舘での「半藤一利さんの思い出を語り合う会」に参加させていただいた。担当編集だった奥様の半藤末利子夫人とも、六年ぶりで再会した。

それからまもなくのこと——自宅の書類の山を整理していて、私は呆然とした。③のコピー群が出てきたのだ。一気に記憶がよみがえり、抱え込んでしまったことを激しく後悔した（もっとも③は、後で単行本収録作品もあることがわかった）。

改めて読み返すと、今から四〇年ほど前、肩書「ジャーナリスト」の一利先生の筆は熱量にあふれ、端整だ。また「半藤節」と言われる人間ドラマの語り口も、ベストセラー作家に飛躍するその後の作品群を彷彿とさせる。

「歴史探偵・半藤一利」の原点の語り部として、これを書籍化して世に残したい。末利子夫人にお許しいただき、本書を刊行させていただくことになった。天国の一利先生から、「バカヤロー、俺は許可してねえ」と怒られるだろうか。最愛の末利子夫人としっかり相談させていただいたので、どうかご容赦ください。

ちなみに末利子先生の不肖の担当編集者は、目下、半藤末利子著の最新刊を着々と準備中である。

PHP研究所（根本騎兄）

二〇二三年七月

PHP新書

PHP INTERFACE
https://www.php.co.jp/

半藤一利［はんどう・かずとし］

1930年、東京生まれ。東京大学文学部卒業後、文藝春秋入社。「漫画読本」「週刊文春」「文藝春秋」編集長、専務取締役などを経て、作家。『遠い島 ガダルカナル〈新装版〉』『レイテ沖海戦〈新装版〉』（以上、PHP 文庫）等、多数の著書がある。1993年、『漱石先生ぞな、もし』で第12回新田次郎文学賞、1998年刊の『ノモンハンの夏』で第7回山本七平賞、2006年、『昭和史1926-1945』『昭和史 戦後篇 1945-1989』で第60回毎日出版文化賞特別賞、2015年には菊池寛賞を受賞。2021年1月逝去。

太平洋戦争・提督たちの決断

PHP新書 1364

二〇二三年八月二十四日 第一版第一刷

著者――半藤一利
発行者――永田貴之
発行所――株式会社ＰＨＰ研究所
東京本部――〒135-8137 江東区豊洲5-6-52
ビジネス・教養出版部 ☎03-3520-9615（編集）
普及部 ☎03-3520-9630（販売）
京都本部――〒601-8411 京都市南区西九条北ノ内町11
組版――宇梶勇気
装幀者――芦澤泰偉＋明石すみれ
印刷所
製本所――大日本印刷株式会社

ISBN978-4-569-85561-5

ＰＨＰ新書刊行にあたって

「繁栄を通じて平和と幸福を」(PEACE and HAPPINESS through PROSPERITY)の願いのもと、ＰＨＰ研究所が創設されて今年で五十周年を迎えます。その歩みは、日本人が先の戦争を乗り越え、並々ならぬ努力を続けて、今日の繁栄を築き上げてきた軌跡に重なります。

しかし、平和で豊かな生活を手にした現在、多くの日本人は、自分が何のために生きているのか、どのように生きていきたいのかを、見失いつつあるように思われます。そして、その間にも、日本国内や世界のみならず地球規模での大きな変化が日々生起し、解決すべき問題となって私たちのもとに押し寄せてきます。

このような時代に人生の確かな価値を見出し、生きる喜びに満ちあふれた社会を実現するために、いま何が求められているのでしょうか。それは、先達が培ってきた知恵を紡ぎ直すこと、その上で自分たち一人一人がおかれた現実と進むべき未来について丹念に考えていくこと以外にはありません。

その営みは、単なる知識に終わらない深い思索へ、そしてよく生きるための哲学への旅でもあります。弊所が創設五十周年を迎えましたのを機に、ＰＨＰ新書を創刊し、この新たな旅を読者と共に歩んでいきたいと思っています。多くの読者の共感と支援を心よりお願いいたします。

一九九六年十月

ＰＨＰ研究所